それは俺がやる！

明治を創った男たち

田中健次
TANAKA Kenji

文芸社

目次

第七章　日露戦争・国家の命運をかけて　251

第八章　日露戦争後の明治「国家」　275

第一章　幕末の騒乱

船中八策

龍馬[*1]と後藤象二郎《しょうじろう》[*2]が顔を突き合わせている。

後藤が龍馬を睨《にら》みつけて、

「聞いたぞ。これで天下の事はなったか！」

後藤は龍馬の大政奉還策を、龍馬が長い昼寝をしている間に長岡謙吉（海援隊書記、のち二代目隊長）と陸奥《むつ》陽之助[*3]から聞いていた。

「これで土佐藩も助かる。幕府も潰れずに済む。しかも一気に新政府を樹立できる」

「喜ぶのはまだ早いぞ」と龍馬。

「そうじゃ。すべては京でどうなるかじゃ」

龍馬が続ける。

「これからわしの言うことをよく聞いてくれ」

これは、土佐藩所有の「夕顔丸」の船中の対話である。

船は長崎から兵庫に向け、ゆっくり航行している。

後藤は、土佐のご老公、山内容堂[*4]に呼ばれて京に上ろうとしている。

長崎にいた坂本龍馬に同行してほしいと頼んだ。

龍馬の話は本題に入る。

「将軍が大政を奉還する。朝廷はこれを受けるだろう。だがこれだけではなんともならぬ」

京の朝廷は源平時代以来、政権を掌握したことがない。

南北朝の頃に後醍醐《ごだいご》天皇が政権を回復したことがあるが、それも束《つか》の間に消えた。

そのあと足利氏が政権をとったが、戦国時代を経て、織田・豊臣政権のあと徳川時代に入った。

家康[*5]は朝廷に対して、

「天子は学問と歌道のみを専一とすべし」という、最も厳しい制約を課した。だから、朝廷には公家《くげ》（家臣）は二百数十人いるが、権力を執行する政治機構がない。

「明日から朝廷に政権を渡すといっても、朝廷は右往左往するだけだ。だから政権を担うにはどうすればよいかを考えねばならぬ」

後藤は、

「おぬしは偉いのーぉ。それでどうすりゃいいのじゃ」

「よいか、よく聞いてくれ。八策あるぞ」

龍馬が言おうとすると、長岡謙吉が大きな紙を広げて筆記の用意をする。

「よいか、まず第一策じゃ。

第一策。天下の政権を朝廷に奉還せしめ政令よろしく朝廷より出ずべき事」

この一条は龍馬が歴史に向かって叫びたかった最大の文言であろう。

「第二策。上下議政局を設け、議員を置きて、万機《ばんき》を参賛《さんさん》せしめ、万機よろしく公議に決すべき事」

この一条は新しい日本を民主政体《デモクラシー》にすることを断固として規定したものといってよい。

維新後に出来た新政府は革命直後の独裁政体がそのまま続き、明治二十三年（一八九〇年）になってようやく貴族院、衆議院よりなる帝国議会が開院されている。

「第三策。有材《うざい》の公家・諸侯、および天下の人材を顧問に備え、官爵を賜いよろしく従来有名無実の官を除くべき事」

「第四策。外国の交際、広く公議を採り、新たに至当の契約（新条約）を発すべき事」

「第五策。古来の律令《りつりょう》を折衷《せっちゅう》し、新たに無窮の大典を撰定すべき事」

国家憲法を作れということか。

「第六策。海軍よろしく拡張すべき事」

龍馬は、島国の日本が諸外国と積極的に通商するためにも海軍の拡張を重視していた。

「第七策。親衛隊を置き、帝都を守衛せしむべき事」

「第八策。金銀物貨、よろしく外国と平均の法を設《もう》くべき事」

（以上「船中八策」は『龍馬がゆく』司馬遼太郎著を参照）


後藤は驚いた。

「龍馬！　おぬしはどこでこんな知恵をつけた」

どうしてこんなことを考えることができたのか、と言った。

龍馬は苦笑した。

ここ数年来、苦心して考え、多くの人の意見も聞き自分の考えを練ってきたが、それを後藤に話してもよく理解してもらえるかな、という気がしている。本当は龍馬がこの政治理念を練っていくうえで二人の人物から大きな感化を受けていた。一人は勝海舟[*6]、今一人は大久保一翁《いちおう》[*7]、いずれも幕臣である。

「まあ、いろいろさ」

と龍馬は応じた。

後藤が驚くのも無理はなかった。

いまだかつて、幕府を倒した後、どのような政体をつくればよいか、まとまった話をした者は誰もいない。

ところが薩摩が英国に攻められ、さんざんな目に遭った。

長州も四カ国艦隊と戦った。これもこっぴどい目に遭った。

そこで、「これではいかん！」と新式の武器を調達し、軍制も慌てて洋式化した。この両藩だけは単純な攘夷《じょうい》思想を棄《す》てた。

そして薩長両藩は討幕の中心勢力になった。

だが、幕府を倒した後、新たな政体をどのようにするかについては、ほとんど何も考えていなかった。

「朝廷を奉ずる」

ということは当然考えていた。

だが、その政体を具体的にどのようなものにするかは、西郷吉之助《きちのすけ》*8や桂小五郎ですら考えてはいなかったようだ。

ところが、この龍馬の発想（後に「船中八策」と言われた）がその後の政局に大きな影響を与えることになる。

さて、そのことは、今は脇に置く。龍馬や後藤らは、今先述のように土佐藩所有の「夕顔丸」の船中にいる。

後藤は土佐藩のご老公からお呼びがかかっている。京に行かねばならない。

彼らは、今朝早く長崎を出港して下関から瀬戸内に入り、島並みの間を航行してきた。

途中、暗礁に触れて左舷の腹に大きな傷が出来たが、どうにか兵庫港に着いた。

龍馬らは、すぐ上陸し大坂までは陸路をとった。

大坂へ着くと、彼らは西長堀の土佐藩邸に宿をとった。

藩邸の者は、みんな龍馬が来たことに驚いたようだ。

そうかもしれない。龍馬は、今まで大坂で宿をとるときは、薩摩藩邸か薩摩藩御用の薩摩屋に世話になっていた。

無理もない。

龍馬は脱藩の罪で一時は警吏に尾行されていた。吉田東洋が暗殺された時は、下手人とみなされたこともあった。龍馬は脱藩以来、土佐藩にとっては厄介者であった。

だが、今は違う。

土佐藩仕置役の後藤象二郎が、崇敬の念をもって接遇している。藩士の龍馬を見る目も変わってきた。

さて、後藤、龍馬らが秘策を抱いて京に上ろうとしていたが、藩邸の役付が、

「大殿様は国元にお帰りになっておられます」と告げた。

「そうか」

後藤は拍子抜けの気分になった。

ご老公から、急ぎ京に上れ、との緊急の命令があったればこそ、龍馬ともども、慌てて出てきたのではないか。

四侯会議[*9]はどうなったのか。ご老公は今度こそ東山の土になるとおおせられて京へのぼられたのではないのか。

「まことに、その通りでござる」

と大坂留守居役はうなずいた。

だが、京都に滞在中に持病を発せられたという。

「ご癇気《かんき》か」

気まま病かと後藤は言いたいところであった。

「いいえ、歯の方の持病でござります」と言う。

だが、病だけではなさそうである。

事情を聞くと、京に留まっておれば薩摩藩の倒幕戦術に引き込まれると察したらしい。

「ご老公は逐電したかな」と龍馬は察した。

その夜、彼らは一室で話し合った。

龍馬は、後藤に言った。

「すぐに土佐に帰れ。帰ってご老公（容堂）を説け。俺は京に上る。薩摩藩の連中に大政奉還に賛同するよう口説いてみよう。——そうだ！　ご老公を説いて土佐藩の藩論をひとつにまとめる。そして風雲の中に飛び込むのだ。薩長も我らを軽んずまい！」

そのあと、後藤象二郎は大変であった。

大坂天保山沖に碇泊《ていはく》していた藩船に飛び乗った。海上二十四時間かけて土佐藩城下の浦戸に入った。そこからは馬で行く。

随行の配下を励まして駆けにかけた。

「一刻も早く龍馬の大政奉還論を容堂公に言上せねばならない」

やっと城下に入った。すでに日は暮れていた。


この日、容堂は飯田屋敷に居た。ここは容堂の隠居屋敷で潮江川《しおえがわ》の岸にあり、城下で最も秀麗な景色が見られる場所と言われている。

この日は、うだるような暑さであった。

容堂は日暮れ前から広い庭の苔《こけ》の上に毛氈《もうせん》を敷かせ、涼をとりつつ、夕餉《ゆうげ》の膳についていた。相変わらず大杯に酒を注がせ、日が落ちても盃《さかずき》を置かない。

腰元がふたり、容堂の背後からうちわを動かし蚊をおっている。

その時、塀の外で馬蹄の音がした。やがて近習の者が走ってきて、後藤象二郎がただ今帰国し、すぐさま拝謁を賜りたき旨、申し出ておりますと告げた。

（＊4）山内容堂（豊信《とよしげ》）：土佐藩第十五代藩主。元来、容堂は思想的には勤王論者（幕府否定）であったが、藩主になってから「我が家は徳川家に大恩がある」と言って、情義的立場から徳川親藩や譜代大名よりも強力な幕府擁護者になった。

（＊5）徳川家康：岡崎城主・松平広忠の長男。六歳の時、織田・今川の人質となるが、桶狭間の戦いで今川が織田勢に敗れたあと、岡崎に戻り、その後、織田信長と結んで勢力を伸ばし、信長没後は豊臣秀吉と対立した。秀吉の没後、関ヶ原の戦いで豊臣勢を破り天下を掌握した。徳川幕府の初代征夷大将軍。

（＊6）勝海舟（安芳《やすよし》）：旗本小普請組・勝小吉の長男。安政の改革で才能を見出され、長崎海軍伝習所に入所、万延元年には咸臨丸で渡米し、帰国後は軍艦奉行並となり神戸海軍操練所を開設。戊辰戦争時には幕府軍の軍事総裁を務め、早期停戦と江戸城無血開城を実現した。明治維新後は参議、海軍卿《きょう》、枢密《すうみつ》顧問官を歴任。伯爵。

（＊7）大久保一翁（忠寛《ただひろ》）：文化十四年（一八一七年）十一月二十九日、旗本の大久保忠向の子として生まれる。第十一代将軍家斉《いえなり》の小姓を務め、天保十三年（一八四二年）に家督を継ぐ。老中・阿部正弘に見出されて安政元年（一八五四年）に目付・海防係に任じられた。幕末から明治にかけての幕臣で政治家。東京府知事、元老院議事官を務めた。従二位勲二等子爵。

大政奉還を考えたのは坂本龍馬ではなく大久保一翁という説がある。龍馬が大久保を訪ねたとき、大久保は自らの持論を龍馬にこんこんと諭すように述べたといわれている。

（＊8）西郷吉之助（隆盛）：薩摩藩士。島津斉彬《なりあきら》に見出され、その薫陶を受けた。慶応三年（一八六七年）九月、坂本龍馬から大政奉還建白書を将軍慶喜《よしのぶ》に提出するので倒幕の挙兵を延期してほしいとの要請をうけ了承する。将軍慶喜はこの建白書を朝廷に提出。その後、戊辰戦争では東征大総督府下参謀（実質上の参謀）として軍の指揮を執り、江戸城の無血開城を果たした。維新後は、参議、陸軍大将などを歴任するが、明治十年、不平士族が起こした反乱（西南の役）の首謀者として政府軍と戦う。その経過は、この書で見てほしい。

（＊9）四侯会議：幕末に朝廷と幕府の融和を図るために四人の有力大名が集まって協議を重ねた。四侯とは、越前福井藩主・松平春嶽《しゅんがく》、宇和島藩主・伊達宗城《むねなり》、土佐藩主・山内容堂、薩摩藩国父・島津久光をいう。

大政奉還案を協議

龍馬は船で淀川を上っていく。

船中、陸奥陽之助が、

「大政奉還案を後藤がご老公に言上しても、坂本さんの名前は出すまい。所詮は、後藤殿に名をなさしめるだけですなぁ」

と言った。

龍馬は、それは多分そうだろう。後藤は容堂公の信任があついから、この功名でいよいよ藩内で出世すればよい、と答えた。

陽之助は不服顔で、

「坂本さんはどうなります」と聞く。

「ばかめ、俺が、あのちっぽけな土佐藩で何がしかの地位を得たいと、おぬしは思ちょるのか。俺は、容堂公でさえ眼下に見下ろしている。まして容堂公の子分に過ぎぬ後藤象二郎が藩内の何様になろうが、俺の知ったことか」

「えらい気炎だなぁ」

　横で聞いていた長岡謙吉が苦笑した。

　そんな問答をしているうちに、船は伏見寺田屋の船着場に入った。岸から通路を横切って船宿寺田屋に入る。

「龍馬ぞーぉ！」

土間に入るや、怒鳴った。この寺田屋での遭難[*1]以来、初めてのことである。

お登勢（女将）が飛び出してきて、龍馬の顔を見るなりへなへなとその場に尻餅をついた。

　この時期、龍馬を泊めることは、お登勢にとって覚悟の要ることだ。龍馬らを二階に案内した後、階下に降りてきて、

「怪しい聞き込みがやって来たら、すぐに私に知らせるんだよ」

と言った。

　陸奥陽之助が、「ここは坂本さんの古戦場ですな」と、天井、床の間、次の間の刀傷をあちこち見回してにやにや笑ってる。

「おりょうさんの急報で助かったそうですなぁ。おりょうさんはどこから飛び込んできたんですか」

「裏階段からだ」

「素っ裸だったそうですなぁ」

どうやら有名な話になっているらしい。

そこへ、お登勢が手紙を抱えて上がってきた。

龍馬は京都では自分の手紙は寺田屋気付けにしてくれと頼んであった。

三通受け取ったが、どれもみんな乙女《おとめ》姉さんからだった。

開いてみると、どの手紙もとりとめがなく愚痴が多い。

家で毎日ぶらぶらしているのが退屈だとか死にたいとか、国を飛び出して京に上りたいとか、長崎でのびのび暮らしたい、で始まる。

どうも、龍馬と一緒に暮らしたいというのが本音らしい。

しかし、それは困る。今の龍馬にはそんな余裕はない。

龍馬には乙女姉の気持ちがわからなくはない。

嫁いだ先の夫、岡上新輔が気に入らなくて、勝手に暇《いとま》をとって実家に帰ってきた。夫婦暮らしがうまくいかなかったことは不幸なことかもしれないが、どうも、そのことは本人とっては、さほどではないように思える。

それよりも、乙女姉の不幸は女芸以外のあらゆる芸の才能を持って生まれたことにあるようだ。学問もできるし、謡曲、浄瑠璃をやらせては素人の域を超えている。剣術も馬術もできる。

しかし、この時代、女が才能豊かに生まれつくほどの不幸はない。すばらしい女性だと龍馬は自慢していた。仲間と酒席でよく乙女姉の自慢をした。このため、龍馬の仲間内では彼女は有名になり、「龍馬より強い」という評判だった。

だが、この一、二年、往年の乙女ではなくなった。自分の才能、情熱を発揮する機会がないまま長い月日を過ごしたがためか。

龍馬は彼女が自暴自棄にならないように、諫《いさ》めの手紙を書こうと机に向かった。

病気がよくなれば、お前さんは他国へ出かけるおつもりのようだが、私は賛成できない、「あなたには困る」

と書き始めた。

今、出てこられたら私は多忙なため、あなたの世話をできない。今や、私の名は諸国に知られており、国事のためとてもあなたの世話はできない。

だが、書いているうちに乙女姉が可哀想になり、筆を止めた。

やはり、出てきたら面倒を見てやろうかという気持ちになり、長崎に連れて行くから、おりょうがひとりでいるので助けてやってくれるか、と最初とは違うことを書いてしまった。

どうも、まとまりのないものになった。

龍馬にとって乙女姉のことは、今も唯一気がかりの種のようである。


翌朝、龍馬は京に向かった。

京では、相変わらず藩邸を用いない。

「酢屋」（土佐藩出入りの材木商）を定宿にしている。海援隊もここを京都本部と定めていた。


龍馬が動き始める。

土佐藩の幹部たちとも会い、薩摩藩にも出かけて西郷に会った。

西郷に大政奉還のことを話し、賛同を求めた。

西郷は驚いた。

「そげんこつが、できもすか」

将軍に政権を返上させる？　武力によらずして、そんなことができるはずがない。

それに、すでに薩長両藩による武装蜂起の計画は出来上がっている。

明日、やると決まっても、すぐに立ち上がれる状態になっていた。

それゆえ、龍馬が、

「例の一件（武装蜂起）はちょっと待ってほしい」

と言ったとき、西郷は（困ったことを言う）と思った。

西郷の腹は、すでに武力倒幕ということに決まっていただけに、今さら、そんな話を持ち出さんでくれと言いたかったに違いない。

龍馬が京都に入った翌日、中岡慎太郎[*2]も京に戻ってきた。

中岡は、すぐに薩摩藩邸に入り、西郷に会った。

「龍馬が来ている」

と、西郷は、今最も重要な話を切り出した。

「大政奉還？」

中岡は、驚いた。とっさには、龍馬が何を目論んでいるのか、よくわからない。中岡は、しばらく黙想していたが、やがて顔を上げた。

そばにいた大久保一蔵《いちぞう》[*3]が、

「そのようなことができるかね。幕府は承知すまい」

と、厳しい表情で言った。

「いや、できるだろう」

「なに？」

「龍馬のことだ。あの男なりの勝算があるのだろう。あいつは、今まで空理空論を言ったことがない」

「これが実現するとなれば、我々の計画は頓挫する。それは困る」

と、そばにいた吉井幸輔が言った。薩長の軍事革命方式が崩れ去ってしまうということである。

このあと、彼らは真剣に議論した。

この日は結局、龍馬と中岡の同国人同士でよく話し合ってくれということになった。


中岡は薩摩屋敷を出た。

龍馬の宿所に向かう道々で中岡は思案した。

（龍馬は、いったい何を考えていやがる）と思うと、だんだん腹が立ってきた。

せっかくここまで積み上げてきた計画（倒幕計画）が、龍馬のおかしな提議で崩壊してしまうではないか。

（あの男は、どういう魂胆なのか。あの激越な倒幕家だった奴が、まさか今になって幕府を温存しようという性根に変わったわけでもあるまい）

などと考えながら道を急いだ。

河原町通りを東に折れて、車道《くるまみち》に入った。その北側に酢屋がある。

（これが、海援隊の秘密本部か）

と店の前に立って、案内を乞うた。

龍馬は留守だった。

応対に出てきたこの屋の娘は、えらく用心深そうな様子だったが、どうにか土間で待たせてもらうことになった。


夜になって龍馬が帰ってきた。

龍馬は中岡を奥座敷に招じ入れた。

中岡は座るなり、切り出した。

「いかんちゃ、龍馬。途方もないことを仕出かしてくれたなぁ」

「何だぁ？　ああ、大政奉還のことか」

「おおさ、時勢の車輪の前に丸太を転がすようなことはやめろ。もはや挙兵の時期は指呼の間に迫っている。お前のその案で、せっかくここまで進めてきた車がぐらり引っくり返るわい」

「中岡よ、ちょっと落ち着け！　なあ、挙兵、挙兵と、お前も西郷らも言っちょるが、幕軍に勝てる見込みがあるのか」

「ないでか」

「京に薩長の兵士は何人いる？」

長州は皆無である。薩摩はせいぜい千人足らずだ。

この兵力では天皇を擁してクーデターを起こすことはできない。

幕府側は、京都守護職の会津兵だけで千人はいる。それに京都所司代の桑名兵が五〇〇、大坂には将軍慶喜自慢の新式武装の幕府歩兵が一万はいる。

これに対して、クーデター軍の兵力は薩摩の京都駐屯兵一千人だけである。

「これでは勝てまい」

「いや、勝てる。いざというときには、土佐から乾《いぬい》退助[*4]が千人以上の徴集兵を率いて京にはせ上ってくる」

そうかな、と龍馬は思う。

「土佐から京へは時間がかかる。その間に京の薩軍は幕軍に包囲され殲滅《せんめつ》されてしまうぜ」

「お前は知らぬのだ。西郷は京の薩兵を増強すべく、国許から千人以上の兵を呼ぼうとしているのだ」

「薩の国許には守旧派がいるぜ。その出兵には彼らは反対するだろう」

「西郷も大久保も、できると言うちょる」

「なるほど、彼らはやるだろう。長州藩はどんな名目で兵を京に呼ぶ」

長州藩は、この時点ではなお朝敵であり、藩外に兵を出すわけにはいかない。

「思案がある」

好都合なことに、幕府は長州征伐の後始末をすべく、長州藩に対し藩主代理として岩国藩主・吉川監物《きっかわけんもつ》と家老一人に大坂へ上るよう命じている。

その藩使節護衛という名目で二千人ほどの武装藩兵を上らせる。

西郷、大久保、中岡らはそれを企画し、長州藩もそのつもりで準備している。

「さあ、うまくいくかなぁ」

龍馬が言いたいのは、兵力の問題ではない。その兵力が同時に集まらないと戦力にならないということである。

中岡は、しげしげと龍馬の顔を見ながら、ゆっくりと尋ねた。

「龍馬！　おンしゃ、まことに幕府を倒す気があるのか」

「そのために命を懸けとるわ。わからんか！」

「しからば、なぜ大政奉還などという生半可な手立てを打ち出す。まるでまやかしのシナ手品みたいじゃ。――龍馬！　言うちょくが幕府は砲煙の中でしか倒すことはできぬぞ」

「しかできない、というものは世にはない。人よりも一尺高くから物事を見れば、道は幾通りもあるものだ」

「大政奉還が、それか」

「そのひとつだ。だが中岡、大政奉還こそ武力倒幕の必勝の道でもあるぞ」

「どういうことだ」

中岡は、息をのんだ。大政奉還など議論の場のみで通用する、女子供だましの平和解決策だとみていたのである。

「つまり、こうだ」

大政奉還案を土佐藩の統一藩論として薩摩藩に働きかける。そこで薩摩藩の賛同を得る。そして薩土両藩の動議として京の二条城にある将軍慶喜に建白する。その動議建白という名目によって藩兵を繰り出す。

「ほう、藩兵上洛の理由になるのか」

「あたりまえだ。将軍慶喜がこれを容れねば、たちどころに討つ、という含みがこの案にはある。力が背後にあることを見せねば、案は通らぬ」

「ふうーん」

中岡は、この動議を名目に両藩の藩兵を大挙上洛せしめることができる、ということに無限の魅力を感じた。そうなれば、土佐の乾退助もおおっぴらにその自慢の洋式陸軍を率いて京に上ってくることができるし、薩摩藩も小出しに兵を上らせるというめんどうなことをしなくて済む。

「ほぼ同時期に、京に大軍が集まってくる。そこへ長州軍も来る。維新回転の戦はここで勝利が可能になるのだ。わかるか」

「ふぅーん！　ふぅーん！」

中岡は激しくうなずいたという。

もっとも幕府が、平和裏にその政権を返上してしまえば戦争は向こうへ行ってしまう。それとて日本のためには悪いことではない。

「さらに中岡よ！」

「ふむ？」

「この動議は土佐藩から出る。よいか、これで従来薩長の後塵を拝していたばかりであった土佐人も面目を一新する。一石二鳥ではないか」

中岡は、どうやら納得したようだ。

「なるほどのう、よくよく聴いてみれば……」

と点頭した。これは稀世の妙案だと言った。

「そうか、わかってくれたか！」

もともと、この龍馬の大政奉還案には不思議な魔術性がある。倒幕派にも佐幕派にも都合よく理解されるところがある。後藤象二郎にとっては「徳川家のためにもなり天朝の御為にもなる」という矛盾統一の案であった。

この点、勤王か佐幕かの板ばさみに悩む山内容堂にとっては、これほどありがたい案はない。

さらに、中岡のような急進討幕派にとっても、大政奉還の気球を上げることによって、合法的に倒幕兵力を京に集中できるという妙味がある。

「龍馬！　先の薩長連合のように、二人手を取ってこの案の実現に頑張ろうぜ」

さあ、これから龍馬と中岡慎太郎が精力的に動く。後藤象二郎も大政奉還案をもって大いに動くだろう。

筆者は、幕末にこの国の大きな社会変革の動機付けとなったこの大政奉還案を理解していただくために多くの紙面を割いてきた。また、その経過の描写は司馬遼太郎著『龍馬がゆく』に負うところが大きい。

だが、この大政奉還を将軍慶喜が朝議に上程するまでには、まだまだ紆余《うよ》曲折を経ねばならなかった。

紙数の制約があるので、これから後のことは簡略に述べていきたい。


中岡慎太郎が味方になったことは大きい。

（俺は西郷と大久保を説く）と言った。

（だが、もう一人説かねばならぬ人物がいる。それは岩倉具視《ともみ》卿*5だ）

さっそく中岡は動いた。

懸命に西郷と大久保を説いた。

西郷らは今の在京兵力で宮廷を占領し幕府勢力を京から駆逐できるか、ということに確信が持てなかった。だが龍馬の案でゆけば十分に勝ち目がある。

中岡の説得に西郷らはついに賛同した。

さあ、次は長州藩である。

「承知すまい」と大久保は言う。

長州藩の品川弥二郎が薩摩藩邸に潜伏して連絡係を務めていたが、新たに山県狂介《やまがたきょうすけ》*6伊藤俊輔《しゅんすけ》*7が京に上ってくるという。大久保は、

「長州人には私からも説くが、彼らは従来、薩人を腹黒と見ているから、率直に聴いてくれまい。中岡君、君からも説いてくれんか」と頼んだ。

むろん、中岡はその気であったから、引き受けた。

中岡は、長州人が潜伏している薩摩藩家老・小松帯刀《たてわき》*8の屋敷に出向いていった。

中岡は懸命に説いたが、彼らはなかなか納得しない。

三人の中で最年少の伊藤俊輔が、着衣の腹の中からモルヒネ（万一自刃できない時の自決のため）を取り出して、見せながら、

「我々は京に上ってくるだけでも命懸けである。だが、薩人は悠然と京で平常活動をしている。だから、出てくる思案も悠長である。我々とは違う」

と言った。

長州藩は、戦闘こそ休止中であるが、法的には幕府と戦争状態にある。朝廷からも朝敵

とみなされている。このままゆけばジリ貧で殲滅されざるを得ない。自然と死中に活路を得るべく一か八かの対幕戦争を挑みたいと苛立《いらだ》っている。

中岡は、懸命になだめた。

喧嘩も博打《ばくち》もやるからには勝たねばならぬ、と説いた。

時間がかかったが、彼らはついに中岡の説得に同意した。

数日後、龍馬は中岡と共に洛北岩倉村に向かっていた。

（岩倉卿を説得せねばならない）

この岩倉卿は公家に似合わぬ豪胆な人物で、面魂《つらだましい》は一見海賊の親分のようで、磊落《らいらく》な人物である。幕末から明治初期にかけて最も活躍した公家である。百姓と将棋を指そうかというところもあるが、なかなか容儀にもうるさいところがあったらしい。

中岡が龍馬の行儀の悪さを心配したが、龍馬は「心配するな」と言った。

対座してみると、岩倉の方が大あぐらをかき、

「坂本か、かねて名前は聞いている。海援隊とやらいう海賊団のようなものをつくって、瀬戸内を押し渡っているそうだなぁ」

そのあと、岩倉はよほど龍馬に興味をもったらしく、その経歴や、今何をしているか、どんな抱負を持っているかなど根掘り葉掘り聞いた。

初め無愛想面《づら》で座っていた龍馬も、次第に相手が面白くなり、勢いよく談じ始めた。そして、大政奉還の必要性を強調した。

岩倉は、面白かったのか、何度も大口をあけて哄笑《こうしょう》したという。

そして、会談の終わりには大政奉還案に積極的に賛成した。


（＊1）寺田屋事件：寺田屋事件と呼ばれるものは二つある。一つは文久二年（一八六二年）に、薩摩藩の事実上の指導者・島津久光が寺田屋に集まっていた自藩の尊皇派志士を鎮撫《ちんぶ》した事件であり、今一つは、慶応二年（一八六六年）に坂本龍馬が伏見奉行の取り方に捕縛ないしは暗殺されそうになった事件である。

（＊2）中岡慎太郎：土佐藩士。幕末に土佐藩内でも尊王攘夷活動への弾圧が始まるや脱藩。その後、薩摩・長州の同盟締結に尽力し、坂本龍馬がつくった亀山社中（後の海援隊）の後に編成された陸援隊の隊長としても活躍した。大政奉還案に薩摩、長州の賛同を得るために奔走し、龍馬と後藤象二郎と共に将軍慶喜から朝廷に大政を奉還させることに成功する。
慶応三年十一月十五日、京都四条の近江屋に滞在中、何者かに襲撃され坂本龍馬と共に暗殺された。

（＊3）大久保一蔵（利通《としみち》）：薩摩藩士・大久保利世の長男。家格は御小姓与と呼ばれる下級藩士。嘉永三年（一八五〇年）のお由羅騒動で職を罷免され、謹慎処分となるも、島津斉彬が藩主となると謹慎を解かれ、斉彬亡き後、藩主・島津茂久の実父・忠教（後の久光）に接近し、小松清廉（帯刀）、中山中左衛門と並んで久光側近となる。

武力による倒幕、新政府樹立を目指し西郷吉之助（隆盛）と共に長州藩、広島藩と三藩盟約を結ぶなど首謀的な役割を果たす。土佐藩の建白を受けて将軍慶喜が大政を奉還したため、岩倉ら討幕派公家と共に王政復古のクーデターを計画し実行した。

明治維新後は、参議、大蔵卿などを歴任するが、西郷隆盛や板垣退助ら征韓派と対立し、明治六年の政変で西郷らを失脚させた。

（＊4）乾退助（板垣退助）：天保八年（一八三七年）四月十七日生まれ。土佐藩上士・乾正成の嫡男。乾家は武田信玄の重臣であった板垣信方を祖とした家柄。後藤象二郎とは竹馬の友。坂本龍馬とはのちに姻戚になっている。同藩の中岡慎太郎とは気持ちが通じたらしく交誼が深かった。戊辰戦争のときは、土佐の迅衝隊を率い、東山道先鋒総督府の参謀として従軍した。

維新後、明治三年に高知の大参事、明治四年には参議と要職を歴任したが、書契問題に端を発する朝鮮国の無礼に世論が沸騰する中、板垣は征韓論を主張するが、欧米視察から帰国した岩倉具視らに閣議決定したものを反故《ほご》にされ、激怒して西郷らと下野した。これが、板垣が土佐で自由民権運動を始めるきっかけとなった。明治八年、参議に復帰することもあったが、民衆の意見が容れられる議会制政治の実現を目指して、生涯、自由民権運動に挺身《ていしん》した。

明治十五年、岐阜で遊説中に暴漢に襲われ負傷。その時、竹内綱に抱きかかえられて起き上がり、出血しながら「吾死スルトモ自由ハ死セン」と言ったが、これが後に「板垣死すとも自由は死せず」という表現で広く伝わることになる。

（＊5）岩倉具視：文政八年（一八二五年）十月二十六日、公卿・堀河康則の次男として京都に生まれる。母は勧修寺経逸の娘・吉子。幼名は周丸（かねまる）であったが、容姿や言動に公家らしさがなく異彩を放っていたため、公家の子女たちの間では「岩吉」と呼ばれた。朝廷に仕える儒学者・伏原宣明に入門。

天保九年（一八三八年）八月八日、岩倉具慶の養子となり、伏原によって具視の名を与えられた。十月二十八日に叙爵し、十二月十一日元服して昇殿を許された。

翌年から朝廷に出仕し、百俵の役料を受けた。

幕末から維新以降は本文を参照のこと。

太政大臣贈正一位大勲位。維新十傑の一人。

（＊6）山縣狂介（有朋《ありとも》）：長州藩士。萩城下に近い阿武郡川島村の足軽身分の出身。高杉晋作が創設した奇兵隊で活躍した。維新後は栄達を遂げ、陸軍大将、首相などを歴任、元帥《げんすい》府に除せられ元帥陸軍大将と呼称された。国家への貢献度はいかほどのものであったろうか。

（＊7）伊藤俊輔（後の名は博文《ひろぶみ》）（その一）：長州藩出身で若い頃、松下村塾に学ぶ。大日本帝国憲法を起草した中心人物。初代内閣総理大臣などを歴任した。出自は、百姓同然の足軽身分であった。

（＊8）小松帯刀（清廉《きよかど》）：天保六年（一八三五年）、鹿児島城下山下町の喜入屋敷にて喜入領主・肝付兼善《きもつきかねよし》の三男として生まれた。十三、四歳の頃から学問の才覚を発揮したが、体質的に虚弱で病に伏せがちな生活を送った。しかし、病弱ながらも武芸に励み、さらに薩摩藩家老の要職に就き、西郷や大久保の倒幕挙兵を積極的に支援した。

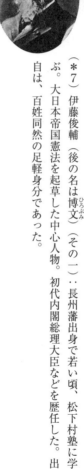

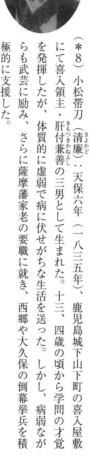

大政奉還案を将軍慶喜に

岩倉具視は大政奉還案に賛同した。

さあ、これから幕府にどうアプローチをかけるか。

土佐藩が提議した大政奉還案は、できれば他の雄藩の賛同を得て数で押さなければ、幕府に圧力をかけることはできない。

中岡が奔走する。龍馬も足繁く出かけていく。

薩摩はすでに了解している。長州も了解した。だが、長州を共同提案者にするには、問題がある。

他に時勢に敏感な雄藩としては、芸州広島浅野家四十二万六千石がある。この藩の家老・辻将曹《つじしょうそう》は今、京に駐在している。

この辻の了解も取り付けた。土州、薩州、芸州三藩合同で幕府に弾丸を撃ち込む段取りにまで漕ぎつけた。

龍馬は、大政奉還案のために八方奔走していたが、

（問題は、当の幕府がどう出るかだ。できればその腹を叩き、説得してみたい）

（幕府では、誰がよいか）

最も有力な相手は、今の老中・板倉伊賀守勝静《かつきよ》である。幸い板倉は将軍慶喜と共に京坂に常駐している。しかし幕府の老中に、一介の浪士の龍馬が拝謁できるわけがない。

（永井主水正《もんどのしょう》がよい）

龍馬は意を決した。永井は、名は尚志《なおむね》、幕府の大目付である。

旗本の名門の生まれであり、幕府の洋学官僚のなかでは抜群の秀才である。

その職歴は、華麗なほどに新時代の要素に満ちている。幕府が長崎に設けた海軍伝習所の事務局長を務め、その後、江戸の築地に軍艦操練所が出来たときには、その初代所長であった。さらに、勘定奉行、外国奉行などを歴任した。

やや後輩である勝海舟に似ているといわれる。

ただ、勝と違うのは、知識と行政技術はあっても、思想性にやや劣るのと、勝のような度胸はない。

その永井が、今将軍に従い京に来ている。

大目付という役職であるが、これは身分を表示するようなもので、実質は将軍慶喜の秘書官のようなものである。

慶喜は、重要なことは、ほとんど板倉伊賀守勝静か、この永井主水正尚志に下相談していた。

（よし、会おう）

永井の京における宿舎を土佐藩の者に調べてもらったら、東本願寺の別荘枳殻邸《きこくてい》とわかった。

龍馬は出かけていく。

やがて枳殻邸の長屋門の前に立ち、番士を呼び、名札を出した。

「竜ノ字」とある。

実のところ龍馬は、この永井とは勝海舟や大久保一翁を通じて面識があった。だから、「竜ノ字」といえば、永井は気づくだろうと思った。

このとき、たまたま永井尚志は、大坂の老中・板倉伊賀守に手紙を書いていた。

「土州が、何か新情勢を作り出そうとしている。それがなんと将軍に大政を奉還せよということらしい。まだ風聞の段階で詳しいことはわからない」

といった趣旨のことである。

筆を置いたとき、取次の者が、

「かような者が御面談を得たいと申しております」と龍馬が渡した名札を差し出した。

初めはピンと来なかったが、

「どんな男か」と風采など聴いているうちに、

（龍馬か）

と、とっさに思った。

一度しか会っていないが、その特異な風貌はあざやかに記憶に残っている。

(会おうか、会うまいか)

しばらく思案していたが、結局、

(会おう)

という気になった。

会ってみて、永井は警戒心を解いた。

何年か前に、ほんの一面識しかないのに、龍馬には毎日会って碁でも打っているような雰囲気がある。

「広い庭だ。あっ、揚梅《やまもも》の実が生ってますぜ」

ということから話が始まったが、永井が、

「ところで用件を聞こう。私は忙しい」

と、用件を催促した。

「そうそう、家康公以来三〇〇年の看板を下ろさない限り、ここ一、二年を待たずして徳川家は滅びますよ」

「君は……」

永井は絶句した。

龍馬は、永井の昂奮《こうふん》を静めながら、大政奉還の必要性を説いた。

永井とは、押し問答のような対話が続いた。

政権を朝廷に返上せねば戦になる。そうなれば幕府は負けるだろう、ということは永井も理解したようである。

だが、大政奉還案を積極的に将軍慶喜や老中・板倉伊賀守に進言しようというところまではいかなかった。


龍馬や中岡が大政奉還案で奔走しているときに、思わぬ事件が持ち上がった。大目付・永井尚志から土佐藩に対し「至急出頭せよ」と言ってきた。

（何事か）と、土佐藩の京都留守居役・森多司馬が、永井のいる二条城に出かけていくと、

「詳しいことはわからぬが、長崎で貴藩傘下の海援隊の隊士が英国海軍の兵士二人を惨殺したらしい」

森留守居役は「えっ」と驚いた。

「あくまで詳細はわからぬ。しかし、英国側は確証をつかんでいるらしい。そのため、英国公使パークスが大坂へ軍艦で乗り込んできている。今、老中・板倉伊賀守と談判中である。時節柄、この事件は容易ならぬことになるやもしれぬ」と言った。

森留守居役はうろたえて、

「どうすれば、よろしゅうございますか」

と申し述べたが、永井は、

「土佐藩でもしかるべき周旋をせよ。この騒ぎが大きくなれば、貴藩御提議の大政奉還も水泡に帰してしまうかもしれぬぞ」

と脅しをかけた。

森多司馬は退室し、大急ぎで河原町の藩邸に戻り、同藩の由比猪内、大監察の佐々木三四郎、小監察毛利恭助などを集め対応策を協議した。


この事件の決着をつけるために龍馬らは多くの時間を費やすことになった。英国公使パークスも通訳官アーネスト・サトウを伴って土佐へ乗り込んできた。行きがかり上、龍馬は土佐高知へ戻ってきた。

龍馬は、容疑をかけられている海援隊の菅野覚兵衛らに、

「英国の水兵の一件は、確かにお前らのせいではないな」

と二度も念を押していた。

「やってないんなら、断乎、否《ノー》を通せ。余計な小細工を弄《ろう》するな」

ということになった。

そして、あくまでも我々はやってないと必死の気構えで言い続けた。

とうとう、幕府も英国公使側も根負けして、サジを投げた。

審議は打ち切りとなったが、幕府はこのまま終わってしまっては威信にかかわると思ったのか、「恐れ入れ」と言ってきた。

容疑者の官野覚兵衛と佐々木栄の申し立てに多少の差異があったことや、横笛丸が長崎を出帆するときに奉行所に届け出なかったのはけしからぬ。そのことについて恐れ入れ、ということである。

被告は奉行所に向かって平伏し、「恐れ入り奉ります」と言うだけのことである。

ところが龍馬らは、

「悪くもないのに恐れ入れるか」と、これも一蹴した。

双方が、踏ん張り合いをしたが、結局奉行所の方が折れ、「お構いなし」と判決を変え、無罪放免になった。

事件は決着をみたが、このために多くの時間を浪費した。

龍馬は再び歴史を旋回させる事業に取り組まねばならない。

龍馬が故郷に別れを告げ、藩船震天丸に搭乗して浦戸湾を出帆したのが十月一日であった。

この前後に、後藤象二郎は容堂の特使としてすでに上方に来ており、大政奉還案の説得工作で駆け回っていた。

後藤がたまたま大坂に着いたとき、西郷が大坂に来ていた。

（まず、西郷に話をしよう）

と、西郷のいる宿に大政奉還建白書を携えて出かけて行った。

西郷は、後藤が来たと聞いて、いよいよ蹶起《けっき》の時期到来かと喜んだが、会ってみるとどうも様子が違う。後藤は、

「これが、将軍へ奉る我が藩の大政奉還建白書でござる」

と建白書を差し出した。

その文章の内容は堂々たるもので、時勢の推移を論じ、大政奉還の妥当なることを述べた。天皇政府擁立後は、上院下院の議会を設け、庶民にも議員選挙、被選挙権をもたしめ、さらに軍事、外交、学校制度にまで言及したみごとな文章であった。

だが西郷は、その原案を龍馬から聞いていたので特にめずらしくもなかった。

一読してから、「結構なものでごあすな」と言って後藤に戻した。

あとは、後藤が懸命に賛意を求めて説得するのを、うわの空で聞いていたが、ついに、

「後藤殿、兵隊は来ちょりませんな」と言って話の腰を折った。

今の西郷にとっては、欲しいのは建白書ではなく、土佐の武力であった。

この日は、西郷の積極的な賛意は得られなかった。

むろん、後藤は薩摩藩だけではあきらめない。

今度は、芸州藩に出かけて行った。

この浅野家の家老で辻将曹という人物は時勢の見通しに明るく、次の世は西国雄藩の連邦国家になるのではないか、と見込み、近頃は薩摩藩（西郷）に接近し、来るべきクーデターに参加すべく、すでに藩兵千人を京に送り込もうとしていた。

後藤は、この辻将曹を口説いた。持ち前の雄弁をふるって、たちまち土佐藩の平和革命方式に加わることに同意させた。


後藤は、幕府の要人に対しても懸命に説き続けた。

彼が選んだ相手は永井尚志であった。

永井は、先述のように幕閣きっての秀才であり、理解力に富んでいる。

しかも永井は長年の官僚生活の経験から、今日の幕府の実力、内情を知り抜いている。

この先、財政的にも、国内的人気の点や対外信用の度合いからみても、政権担当能力はないということを見通していた。

永井は将軍慶喜の謀臣であった原市之進が暗殺されて以来、若年寄という職位にあるが、実質は秘書官的な役割を務めている。

後藤は、この永井に執拗《しつよう》に説いた。

永井に対しては幕府論でいく。我が土佐藩は主従ともに徳川幕府を尊んでいる。たとえ幕府が瓦解しても、徳川家は残さねばならぬ。徳川家が次代に生きる道は、大政奉還のみである、と説得した。

永井は、この後藤が上程した建白書を将軍慶喜に差し出した。後藤の説も十分に取り次いだ。しかし慶喜からは回答がない。


土佐から帰ってきた龍馬が後藤に会おうとしたとき、後藤は川原町の藩邸にいなかった。後藤はこの頃、毎日のように薩摩藩邸に出かけていき、自分の対幕奔走を小松帯刀や西郷に報告し、それによって彼らの武力発動を抑えようとしていた。

後藤が薩摩藩邸から帰ってきたとき、龍馬は土佐藩邸の向かいの書物問屋菊屋で待っていた。

龍馬が「西郷はどうだった」と尋ねると、

「西郷は意見らしい意見は言わないが、察するに藩内同志を抑えきれぬところまで来ている」と言った。


ところが、この薩摩の動きと呼応するように、もう一つの武力倒幕の計画がひそかに、だが確実に進められていた。その首謀者は洛北岩倉村にひきこもっている公家の岩倉具視であった。

岩倉は先帝の勅勘が解け、直接宮廷工作ができるようになっていた。薩摩の大久保一蔵と気脈を通じていた。

岩倉の役割は、なんとか幼帝の外祖父・中山忠能を籠絡《ろうらく》して倒幕の密勅を手に入れることであった。

大久保の役割は、その密勅をもって薩摩藩主を動かすことである。そして、西郷がその藩兵を用いて武力戦を指揮するということで三者の暗黙の合意ができていた。

しかし、この密勅が下れば戦が始まる。そうなれば、龍馬の大政奉還工作など砲煙の中で消し飛んでしまうだろう。

岩倉が火を点じた導火線が火薬庫を爆破させる前に、将軍に大政を奉還させねばならない。時間との競争になってきた。


十月十二日夜になって大きな動きが出てきた。

この夜、二条城から使者が京の八方に飛んだ。

「明十三日、異例のことながら将軍が諸藩の重臣を二条城に召集して、重大のことについて諮問する」と通知された。

徳川三〇〇年の間に、将軍が陪臣である諸藩の重臣を集めて政治的な問題を諮問するなど、かつてなかったことである。しかも諮問の内容は、「大政の奉還の可否について」と明示されている。

召集を受けた諸藩は、京に重臣を駐在させている四十余藩で、加賀、薩摩、仙台、尾張、芸州広島、備前岡山、土佐、彦根などであった。

土佐藩では当然、後藤象二郎がゆく。薩摩藩に対しては、幕府は特に家老・小松帯刀を指名した。西郷吉之助、大久保一蔵が倒幕方針でこり固まっていることを、幕府は十分に察知していた。

後藤は、この二条城からの使者と応接した後、すぐに龍馬に手紙を書いた。

龍馬は、その手紙を受け取ったとき、さすがに歴史の重みが、ずっしりと肩にのしかかってくるのを感じた。

(いよいよ、明日か)

だが、龍馬は後藤のような藩重役ではないから、二条城へは出られない。

近江屋で結果を待つしかない。

慶応三年(一八六七年)十月十三日、二条城の城門を裃《かみしも》姿の武士が続々と入っていった。会場は城内大広間の二ノ間である。

二時過ぎに上段を少し下がったところへ、幕府の首席老中の板倉勝静が現れ着座した。慶喜は出てこない。

一同、板倉勝静に拝礼した。

やがて下僚に命じ、あらかじめ筆写された何枚かの書類を回覧させた。

この書類に将軍のお言葉が書かれている。

将軍と陪臣では身分がかけ離れているため、このような形式をとらねばならない。

「それは御諮問である。めいめいにおいて見込みの儀（意見）があれば、腹蔵なく申し上げよ」

と、板倉勝静が言った。

後藤象二郎は（果たして吉か凶か）と身をもむような思いで、書類が回覧されてくるのを待った。

後藤は拝礼して、手にとった。

「あっ」と叫びたくなるほど驚いた。

『政権を朝廷に返し奉り、広く天下の公議を尽くし、……』

という旨の文言が目に入ったのである。

「帯刀殿」

と、隣の薩摩藩の小松帯刀にささやいた。小松は大きくうなずいた。

こうして、大政奉還は決着をみた。後藤はこのことを立役者の龍馬に一刻も早く知らせてやりたかったが、中座するわけにはいかない。

「後藤殿」と、小松がささやいた。

「拝謁を願い出ましょう。貴殿と芸藩の辻将曹殿、それに拙者、三藩一緒という形で拝謁を願い出ましょう。よろしゅうござるか」

「よろしゅうござるとも」

小松は先刻、将軍拝謁を願わんと思う者は、さし許されると聞いていたから、拝謁を願い出た。

小松が思うところは、たとえ将軍が大政奉還を決意しても、幕臣や会津、桑名両藩などが異議を申し立てれば大混乱に陥り、うやむやになってしまう恐れがある。将軍が一刻も早く参内して朝廷の受諾を得る必要があると感じていた。

彼ら四名（土佐藩からは福岡藤次〈孝弟《たかちか》〉が加わっていた）は、拝謁の間に案内された。

待つほどに、徳川慶喜が現れた。

慶喜が着座したが、四名は平伏、額が手の甲に付かんばかりの姿勢でいる。

「その方ども、申し上げたき見込み（意見）あるとやらにつき、遠慮に及ばず申し上げよ」

と、主席老中の板倉勝清が言った。

それに応えて、四人のうち、席次が最も上座の小松帯刀が体を板倉の方に向けた。

陪臣の小松が将軍に直々申し上げることはできない。

「申し上げてよろしゅうございましょうか」と断りを入れてから、

「今大政を奉還しても、朝廷には政府機構がない以上、明日から大政をとらせ給うことはできませぬ。外国関連の事柄と内政の大事は朝廷の御評議に任せ、その他の行政は従来のごとく朝廷御委任という形で執り行われるのがよろしかろうと存じまする」

と述べた。

世が世であれば、一陪臣が将軍に対して申し述べるようなことではない。

「もっともなことである」

と、慶喜はうなずいた。

彼らが慶喜の言葉を聞いたのは、これが最初で最後であった。

こうして、大政奉還はどうにか決着をみたが、これらの状況の中で、途方もない出来事が進行していた。

第二章　戊辰戦争・新国家の誕生

倒幕の密勅が下る

岩倉、西郷、大久保は、龍馬、後藤らの大政奉還工作とは別に、ひそかに倒幕の密勅降下を企てていた。それがなんと、慶喜が大政を奉還したその夜に密勅が下った。

この同日というのは偶然の結果であった。同日とはいえ、慶喜の大政奉還の意思表示の方が数刻早かった。倒幕の密勅が岩倉の手に入ったものの、幕府が消滅した以上、それは無効になったも同然であった。

この密勅は薩摩藩と長州藩に降下した。長州藩は公然とは京におれないが、広沢平助（真臣）が藩の密使として薩摩藩邸に潜伏していた。この広沢が受領した。

龍馬は、この間の事情を知らないまま、投宿先を出て、河原町通りを薩摩藩邸に向かっていた。

途中、丸太町の角で田中顕助（光顕）にばったりと会った。

坂本さん、実はこうこうです、と密勅降下の秘事を明かされた。龍馬は肝が冷える思いがした。

（やれやれ、危機一髪とはこういうことか）

しかし、政略的駆け引きでは、西郷は龍馬に負けたことになる。

西郷は、二本松の藩邸にいた。この朝、同志を集めて協議をしていた。

「これから、どうする」

ということである。慶喜が自らの手で幕府を潰してしまった以上、武力倒幕という方針を変えざるを得ない。

が、妙案がない。

そこへ、龍馬が来たという案内があった。西郷は喜んで一室で対座した。二人だけである。

「とにかく新政府をつくることが先決だ」

と、龍馬は言う。

龍馬は、西郷の胸中をよく理解している。あれほどまでに準備に準備を重ねてきた武力倒幕方針を、一転情勢が変わったからといって、さらりと捨てる気にはならないだろう。

「今後、時勢はどう動く」

西郷は聞き上手である。よく相手の話を聴く。

龍馬も、つい引き込まれておのれの意を述べた。

「武力の準備は整えておかねばならない。地震はこれからも何度も起こるだろう。この第一震だけではおさまるまい」

と言った。

慶喜が大政を奉還したが、それはあくまで彼の個人的決断であり、幕臣が納得したわけではない。会津・桑名といった佐幕過激派もこのままでは収まらないであろう。

「当然、挑戦してくる。その時は武力が必要だ」

「なるほど」

龍馬は力説した。

「急いで新政府をつくらねばならぬ。今、会津が挑んできたらどうなるか」

西郷は、龍馬の説に歩み寄ってきた。目下の急務は新政府を樹立することである。

龍馬は、懐中から新政府案を取り出して、西郷に見せた。

一読して、西郷はぐんとうなずいた。

西郷には、この時点で明確な革命新政府案がなく、漫然と儒教的な王道政治のようなものを考えていたが、龍馬は欧米風の政治と社会を念頭に置いて作り上げていたように思える。

ただ、龍馬の案もまだ原則的な骨子にすぎない。建築物ではなく、その粗略な設計図のようなものである。

「異存はないか」

「わしにはない。さっそくみんなに諮ってみよう。ただ、ここに人の名前を入れねばならまい」

構成員の名前を入れねばならない。

「腹案があるか」

「ある」

龍馬は藩邸の一室を借りて、新政府の行政機構に参加すべき人物の名前を書き入れる作業を始めた。

そのうちに、この二本松藩邸に人が集まってきた。

やがて書き上げた龍馬が二階から急いで下りてきた。

廊下を通って書院に入ると、一同が龍馬を見上げた。

龍馬は出来た書類を渡し、彼らが一覧する間、縁側に出て、柱にもたれ、体を長々と伸ばした。さすがに疲れた感じである。

龍馬の新政府役人表とは、次のようなものであった。

関白

三条実美《さねとみ》（副関白として徳川慶喜）

議奏

島津久光（薩摩）、毛利敬親《たかちか》（長州）、松平春嶽[*1]（越前）、
鍋島閑叟（備前）、蜂須賀茂昭（阿波）、伊達宗城《むねなり》（伊予宇和島）、
岩倉具視（公家）、正親町《おおぎまち》三条実愛《さねなる》（公家）、東久世《ひがしくぜ》道喜《みちとみ》（公家）
参議
西郷吉之助（薩）、小松帯刀（薩）、大久保一蔵（薩）、
木戸準一郎（桂小五郎・長）、広沢平助（長）、後藤象二郎（土）、
横井平志郎（小楠・肥後）、長岡良之助（越前）、三岡八郎（越前）[*2]
（以上、新政府役人表は司馬遼太郎著『龍馬がゆく』より引用）

西郷は、これを一覧した後、小松、大久保に回し、みんなが一読したあと、もう一度手に取り、熟視した。

（龍馬の名がない）

西郷は不審に思った。大政奉還の大仕事を成し遂げた龍馬の名は、当然この「参議」の中になければならない。

さらに、議奏の項に六名の大名の名が挙がっているが、土佐の山内容堂の名がない。容堂は天下の賢侯といわれ、自らもそれをもって任じている人物である。

だが、西郷は考えた。

容堂の名を外したのは、わからぬことはない。容堂の性格は角《かど》がありすぎ、ひととの調和を欠く。さらにむら気で物事を途中で投げ出しやすい癖がある。容堂がこのメンバーに加われば、議事が壊されてしまう恐れがあると龍馬は配慮したのか。

西郷は龍馬に尋ねた。なぜ、貴兄の名がないのかと。これに対して龍馬は、

「あぁ、わしぁ、出ませんぜ。あれはきらいでな」

なにがと、西郷が尋ねる、

「窮屈な役人はさぁ」

「役人にならずに、お前さァ何ばしなさる」

「世界の海援隊でもやりますかな」

同席していた陸奥陽之助には「世界の海援隊」の意味がよくわからない。世界を相手に貿易海運業をやるということか。

とにかく今日から土州は一歩あとに引く。これからは薩州が主軸でなされよ、と龍馬は言いたかったのか。

西郷は、それを察した。

「心得た」と小声で応えた。

龍馬には、まだまだやらねばならぬことがある。

新国家の財政を誰に任せるかということである。

薩州にも長州にも土州にも財政がわかるものがいない。

そのことを西郷に問うた。その場にいる誰もが「さあ、誰がいるかなあ」と、首をかしげる。

「一人いる」

と、龍馬が言った。

「越前福井の藩士で三岡八郎（由利公正）という男だ」

一座の誰もが、その名を知らなかった。

しかし、これはみんながうかつであった。龍馬は先述の新政府の役人表の末尾（参議）に三岡八郎の名を挙げている。知名度の低い人物なので、誰も関心がなかったのか。

西郷は、ゆっくりとうなずき、「おはんに任せる」と言った。

だが、この三岡という人物は現在、幽閉中であるという。

このため、龍馬は明日にも越前福井にゆき、藩に依頼して三岡の幽閉を解き、京に連れてこなければならないと思った。

また、岩倉村へ行って、岩倉具視にも会わねばならない。

岩倉村へ行くのに龍馬は中岡慎太郎を誘った。

この頃になると、平和方針の龍馬と主戦方針の中岡とは、ようやく意見が一致していた。

「遅かれ早かれ、結局は戦になる」

という点も両者の意見は一致していた。

なぜなら、慶喜が将軍を辞したとはいえ、四〇〇万石とも八〇〇万石ともいわれる直轄領を持ち、江戸、京都、大坂、堺、博多の五大商業都市を直轄しており、さらに箱館、横浜、長崎などの直轄開港場を所有し、江戸城、大坂城、二条城という要塞を持っている以上、その軍事力・経済力は、事実上、日本の国王である。

それを朝廷に奉還せよとは、今の段階では言えない。慶喜がその気になっても、幕僚たちは反対するだろうし、譜代大名も黙ってはいないだろう。

「それらを徳川家が所有している以上、京に政権が移っても有名無実である」

と、中岡が言う。龍馬も「その通りだ」と言った。大政奉還後の大仕事とは、まさにそのことである。

（慶喜を新政府の要職に就ければ、慶喜自身が土地領民を返すであろう）

と、龍馬は期待をもって考えていた。

龍馬は、大政奉還を仕上げてしまうには、岩倉卿の協力が要ると考えていた。

夜更けになって岩倉村に入り、退隠所の門を激しく叩いた。

龍馬らは、座敷に通された。

夜になると肌寒い。薄着で寒そうな龍馬を見て、岩倉は胴着を貸してくれた。下僕の与三が入ってきて、熱い徳利を龍馬の前に置いた。

龍馬は、西郷に話した自説を熱心に述べた。

一時間ほどしゃべっている間、岩倉は時々点頭しながら聴いていたが、龍馬が話し終わると、「よくわかった」と言った。

だが、土佐藩を政局から一歩さがらせる、山内容堂を新官制の人事から外すということには同意しかねるような様子であった。

龍馬は慶喜救済のことも頼んだ。岩倉は煮え切らぬようであった。

龍馬は新官制案を岩倉に提示し、さらに新政府の基本方針ともいうべきものをその場で書いた。

それは、八カ条から成っており、「第一義」は「天下の有名の人材を承知し顧問に供《そな》ふ」としるした。

以下、「第三義」では外国との国交を謳《うた》い、「第四義」では憲法制定を説き、「第五義」では上下議定所（上下院議会）の必要性を述べ、「第六義」で陸・海軍の創設を、さらに「第七義」では親兵（近衛兵）の常設を説き、「第八義」では、金銀物貨を外国と平均す（関税の平等化）を説いた。

岩倉は、

「なるほど、これはきらめくような文字じゃ」

と言って、二通の書類を手文庫に入れた。

龍馬はこのあと、ひと月ほど後に、盟友中岡慎太郎と共に暗殺される。

（＊1）松平春嶽（慶永《よしなが》）：越前福井藩主。田安徳川家第三代当主・徳川斉匡《なりまさ》の八男。慶応三年（一八六七年）、前土佐藩主・山内容堂、前伊予宇和島藩主・伊達宗城、薩摩藩父・島津久光と四侯会議を開催し、合議制により幕府の権威を縮小し、朝廷および雄藩連合による合議制度の確立に努力した。また、坂本龍馬のよき理解者でもあった。

（＊2）三岡八郎（後の由利《ゆり》公正《きみまさ》）：越前福井藩士。坂本龍馬にその能力を認められ、龍馬の強い要請で維新後、新政府の財政担当者として活躍した。特に全国的に紙幣の発行をすることで国の歳出を賄う制度の確立に貢献した。また、紙幣の信用度を高めるための方策にも鋭意努力した。

龍馬暗殺・鳥羽伏見の戦い

龍馬と中岡慎太郎が暗殺されたのは、慶応三年（一八六七年）十一月十五日である。中岡は、当日所用があって、白川村を出て河原町の土佐藩邸に行ったが、お目当ての福岡藤次は留守だった。

（龍馬のところへでも行くか）と思い、会いに行った。

たまたま龍馬は数日前から風邪をひき、この日は熱も高く、土蔵で寝ていた。土蔵は暑いから母屋で話そうと、母屋の二階に中岡を誘った。

土蔵で中岡と話をしておれば悲劇は起こらなかったかもしれない。

二階は四間ある。奥八畳の間で中岡と話し始めた。

元相撲取りの藤吉（龍馬の下男のようなことをしている）が、二つ部屋を隔てた表の間で内職の楊枝けずりをしていた。

そこへ、土佐藩士の岡本健三郎が遊びに来たが、龍馬が峰吉に軍鶏《しゃも》を買いに行かせたとき一緒に帰っていった。

このあと、悲劇が起こる。

数人の武士が近江屋の前に立った。午後九時過ぎである。刺客者の一団である。この刺客たちの名は維新後の取り調べで明らかになるのだが、幕府の見廻組与頭・佐々木唯三郎指揮の六人であった。

佐々木は土間にひとりで入るなり、二階へ大声で来意を告げて、

「拙者は十津川郷士《ごうし》である。坂本先生ご在宅ならばお目にかかりたい」

と、土間に下りてきた藤吉に名刺を渡した。十津川郷士の中には龍馬と懇意の者も何人かいるから、藤吉は疑わずにその名刺を持って階段を上がろうとした。

（いる！）と、佐々木は察した。

佐々木に入れかわって今井信郎、渡辺一郎、高橋安二郎が藤吉の後を追い、上りつめたところで、その背を真二つに斬りさげた。

藤吉は呼ぼうとしたが、刺客は呼ばせまいと、六太刀斬り、絶命させた。

二階奥では、龍馬と中岡が向かい合って、一枚の紙片に見入っていた。

部屋の向こうで騒ぎが聞こえたが、龍馬は帰ってきた峰吉が藤吉とふざけて、いつものように相撲の手を教えてもらっているのかと思い、土佐弁で、

「ほたえなっ（騒ぐな）」と言った。

この声で刺客たちは龍馬らがどこにいるかを知った。

彼らは奥の間に走った。

部屋に飛び込むなり、一人は龍馬の前額部を、一人は中岡の後頭部を斬撃した。

この初太刀が、龍馬の致命傷になったか。

斬られてから、龍馬は何が起こっているかを知った。平素から剣を軽んじて不用心な男である。

手元に刀がない！

刀は床の間にある。脳漿《のうしょう》が頭から流れていたが、龍馬は刀を取ろうとした。

龍馬が、床の間の佩刀《はいとう》・陸奥守吉行を取ろうとして、すばやく背後に身をひねった。

だが、刺客はこれを見逃さない。龍馬の左手が刀の鞘《さや》をつかんだとき、さらに二の太刀を加えた。左肩先から左背骨にいたる骨を断つ斬撃であった。

それでも、龍馬は跳ねるように立ち上がり、刀を鞘ぐるみのまま、左手で柄《つか》を握り、右手で鞘を上に払いとばそうとしたが、敵の三の太刀が飛んだ。

最も激しい斬撃であった。龍馬は刀を抜くこともできず、その三の太刀を受けた。火が散った。

龍馬はついに崩れた。崩れつつも、「清君、刀はないか」と叫んだという。

「清」とは、中岡の変名・石川清之助のことである。まだ龍馬には中岡を変名で呼ぶだけの意識が残っていたのか。

以上のことは、すべてこの事件の翌々日に死んだ中岡の記憶（話）である。

中岡にも刀をとる余裕がなかった。九寸の短刀しかない。これでは脇差と言うより匕首《あいくち》のようなものである。これで敵の太刀と渡り合ったが、十一カ所傷を受け、倒れてしまった。

数分気絶していたらしいが、すぐに息を吹き返した。このとき、敵は階下に下りていくところであった。

ほどなく龍馬も意識が戻った。

中岡は龍馬の顔を見上げた。龍馬は行燈《あんどん》を引き寄せ、我が佩刀の鞘をはらって刀身をじーっと見入っていた。

(無念であった)

さもありなんであろう。千葉門下の逸材として剣名を江戸に轟《とどろ》かせた男が、鼠族《そぞく》同然の刺客に不意を襲われ、剣を使うことさえままならなかったことを思うと、無念さはどれほどのものであったか。

龍馬は中岡に、這って行って階下の近江屋の家族を呼べるかと言いたかったが、中岡の方が自分より重症らしいと見て、自分で這って隣室をぬけ階段の角まで行った。

(新助、医者を呼べ)

と、階下に声をかけようとしたが、すでに力なく声が下まで届かない。

中岡も這って龍馬のそばに来た。龍馬は冷静さをたもちつつ自分の頭をおさえ、そこから流れている体液を掌につけてながめている。白い脳漿が混じっていた。

龍馬が突如、中岡を見て笑った。なんとも澄んだ、大虚のような明るい笑顔であったという。

「俺は脳をやられている。もう、いかぬ」

これが龍馬の最後の言葉であった。言い終わると、その場に倒れた。

そして、何の未練もなきがごとく、その霊は天に向かって駆け上っていった。

中岡は十七日まで生きた。この日、別室に詰めていた陸援隊士・香川敬三を呼び、

「俺は今日、死ぬだろう。我がために岩倉具視卿に告げよ。これからのことお願い申す」

と言って、中岡は逝った。


龍馬と中岡は不慮の事故にでも遭遇したように逝った。

幕末の騒乱期の出来事を龍馬の動きを軸に描いてきたが、もし龍馬が維新後に生存して国政に影響を与えるような立場にいたならば、日本の歴史は変わっていたのではなかろうか。これからも、この書の中で折に触れて出てくるであろう。

だが、今我々は、龍馬と中岡の死を悼んでいる暇はない。

時代は、大きく旋回する。

将軍慶喜は、十月十四日に日本の統治権返上を朝廷に奏上し、翌十五日に勅許された。

倒幕の実行延期の沙汰書が十月二十一日になされ、倒幕の密勅は事実上、取り消された。すでに大政奉還がなされ、幕府は政権を朝廷に返還したのだから、倒幕の意味がなくなった。

薩摩藩は工作中止命令（倒幕工作中止）を江戸の薩摩藩邸に伝えた。

慶喜は十月二十四日に、征夷大将軍の辞任も朝廷に申し出た。

朝廷は勅許とあわせて、国是決定のための諸侯会議召集までという条件付きで緊急政務の処理を引き続き慶喜に委任し、将軍職も暫時従来通りとした。

これで実質的に慶喜による政権維持が続くことになった。これは、慶喜に何らかの自信を与えたことになったのではなかろうか。

公議政体論のもとで徳川宗家が首班となる新政体が、ちらっと頭に閃《ひらめ》いたかもしれない。

しかし、予定されていた正式な諸侯会議の開催が難航しているうちに、雄藩四者（薩摩藩、越前藩、尾張藩、安芸藩）は、十二月九日にクーデターを起こし朝廷を掌握、王政復古の大号令により幕府廃止と新体制の樹立を宣言した。

新体制による朝議では、薩摩藩の主導で慶喜に対し内大臣職辞職と幕府領地の朝廷への返納を決定した。

また、禁門の変以来、京を追われていた長州藩の復権も承認された。

慶喜は、辞官と領地返納は拒否したものの、配下の暴発を抑えるため二条城から大坂城に移った。大坂城は、経済的にも軍事的にも重要な拠点であるとの思惑も当然あったに違いない。

十二月十六日、慶喜は各国公使に対し王政復古を非難、条約の履行や、各国との国交は自分の任務であると宣言した。

倒幕の実行延期の沙汰書が十月二十一日になされ、それが薩摩藩の江戸藩邸にも伝えられていたが、江戸藩邸では攘夷派浪士たちが中心になって、この命令を無視して工作が続けられていた。

十二月二十三日には、江戸城西の丸が火災で焼失し、同日夜には、江戸市中の警備に当たっていた庄内藩の巡邏兵屯所への発砲事件が発生した。

これらは、いずれも薩摩藩が関与しているとみなされ、老中・稲葉正邦は庄内藩に薩摩藩邸を襲撃せよ、と命じた。

これら一連の事件は、あたかも幕府側と薩摩藩が交戦状態に入ったかのように、大坂城の幕府首脳のもとに伝わった。

これらの情報は、大坂の幕府勢力を激昂させ、会津藩らが勢いづくが、慶喜は制止することができない。

幕府側は、朝廷に対して薩摩藩の罪状を訴える上表（討薩の上表）の提出を名目に、薩摩藩の掃討を掲げて、配下の幕府歩兵、会津藩、桑名藩を主力として軍勢を京都に向けて進発させた。

闘いは、慶応四年（明治元年）一月二日の夕刻、幕府の軍艦二隻が兵庫沖に碇泊していた薩摩の軍艦と対峙して、事実上始まった（戦闘は四日早朝）。

慶喜は、各国公使に薩摩藩と交戦に至った旨を通告した。

一月三日、京都の南郊・鳥羽および伏見において、薩摩藩・長州藩によって構成された新政府軍と旧幕府軍が戦闘状態に入った。これが、いわゆる「鳥羽・伏見の戦い」の始まりである。

新政府軍が約五〇〇〇人、旧幕府軍（以下「旧幕軍」という）は、それより多く約一万五〇〇〇人であった。

新政府軍は武器に関しては旧幕軍と大差なく、むしろ旧幕軍の方が、フランスから買い付けたのか、最新型小銃を装備していた。

だが、三日の緒戦は、命令系統の混乱で旧幕軍が苦戦した。

翌四日、旧幕軍の淀方面への後退が始まり、また同日、「仁和寺宮嘉彰親王《にんなじのみやよしあきしんのう》を征夷大将軍と為し錦旗《きんき》・節刀を与え出馬せよ」という朝命が下った。

これで薩長軍は正式に官軍とみなされ、土佐藩も錦旗を賜って官軍とされた。

逆に旧幕府の中の中心勢力は賊軍と認定され、佐幕派諸藩は大いに動揺した。

こうした状況の中で、五日、淀藩（藩主は老中・稲葉正邦）は賊軍となった旧幕軍の入城を拒否したため、旧幕軍は淀城下に放火し、さらに八幡方面に後退した。

一月六日、旧幕軍は八幡・山崎で新政府軍を迎え撃つが、山崎の砲台に駐屯していた津藩が旧幕軍へ砲撃を始めた。

旧幕軍は山崎以東地域から敗北撤退し、大坂に戻った。

旧幕軍は大坂へ退却したとはいえ、まだ、この時点では総兵力で新政府軍を上回っていた。

だが、一月六日の夜、慶喜は少数の側近を連れて海路江戸へ脱出した。

慶喜は何を考えて、江戸へ撤退したのか。

たとえ、戦に勝って京を押さえても、政権を奪回することは不可能であろう。

薩長軍を主力とした新政府軍は、ふたたび戦力を整えて盛り返してくるだろう。時間とともに新政府軍に加担する諸藩も増えてくるだろう。

ここは、江戸に帰って、矛を収めた方がよいと考えたのか。
それにしても、そう考えるのは、あまりに早すぎはしないか。

慶喜が江戸に退却したために旧幕軍は戦争目的を失い、各藩は戦いを停止した。

五日に山陰道鎮撫総督・西園寺公望《さいおんじきんもち》＊1および東海道鎮撫総督・橋本実梁《さねやな》が派遣され、七日、慶喜追討令が出された。これで旧幕軍が朝敵であることが確定的になった。

諸藩に対し、特にこれまで非協力的な藩に対しては、恭順すれば所領を安堵するが、抵抗すれば朝敵の一部として討伐するという厳しい方針を突きつけた。

特に西日本では、慶喜討伐令と藩主の上京命令と鎮撫軍の派遣命令を立て続けに受け取ることになり、所領安堵と追討回避のために親藩・譜代を含めほとんどが恭順を表明した。

一月末には、藩主が慶喜と共に江戸に逃亡した桑名藩ですら、重臣や藩士たちが城を新政府に明け渡し、三月末には近畿以西の西日本の諸藩は完全に新政府の支配下に入った。

九日、東山道鎮撫総督に岩倉具定が任命され、二十日には北陸道鎮撫総督に高倉永祜《ながさち》が任命され、西国平定と並行して組織された東征軍が、東山道・東海道・北陸道に分かれて東進を開始した。

（＊1）西園寺公望（その一）：嘉永二年（一八四九年）十月二十三日生まれ。公家出身。戊辰戦争では山陰鎮撫総督を務め、フランス留学後には伊藤博文の腹心として政界で活躍。第二次伊藤内閣で初入閣し文部大臣を務め、外務大臣も兼務した。その後、伊藤の立憲政友会の総裁に就任。明治三十九年（一九〇六）、内閣総理大臣に任ぜられた。大正五年、正式な元老となり、松方正義が死去した後は「最後の元老」として大正天皇、昭和天皇を輔弼《ほひつ》し政界に大きな影響を与えた。

東征軍進発・江戸城の無血開城

江戸へ戻ってきた将軍慶喜は、一月十五日、幕府主戦派の小栗忠順《おぐりただまさ》（小栗上野介《こうずけのすけ》）を罷免、慶喜自身は江戸城を出て上野の寛永寺に謹慎し、新政府に反抗する意思がないことを示した。

一方、明治天皇から朝敵の宣告を受けた松平容保《かたもり》は会津に戻った後、新政府に哀訴嘆願書を提出し天皇への恭順の姿勢を示したが、新政府の権威は認めず、武装も解かず、求められている出頭もせず、謝罪もしなかった。

それだけでなく、新政府から敵意を持たれている庄内藩主・酒井忠篤《ただずみ》と会庄同盟を結び、薩長同盟に対抗する準備を始めた。

旧幕府に属していた人々は、あるいは国許へ退き、またあるいは慶喜に従い、また新政府に対する反発の強い勢力は会津藩などを頼りに東北地方に逃れた。

東征軍のうち東海道軍は、近藤勇《いさみ》*1らが率いる甲陽鎮撫隊と甲府城の接収を巡って戦った。

東海道軍は、武州熊谷宿近郊で旧幕軍の脱走部隊と遭遇し市街戦を戦うなど、いくつかの小規模な戦いがあったが、大きな衝突は起こらなかった。

駿府まで進撃した新政府軍は、三月六日に軍議で江戸城総攻撃を三月十五日と定めた。

しかし、条約締結諸国は戦乱が貿易に悪影響を及ぼすことを恐れ、イギリス公使のハリー・パークスは新政府の江戸城総攻撃の中止を求めた。

新政府にとっても諸外国との良好な関係は必要であった。さらに武力を用いた関東の平定を躊躇《ちゅうちょ》する意見もあったため、江戸総攻撃は中止するとの命令が出された。

恭順派である陸軍総裁の勝海舟に旧幕府の全権が委任された。勝は幕臣・山岡鉄舟*2を、東征大総督府の参謀である西郷隆盛の許へ差し向けた。

西郷より降伏条件として、徳川慶喜の備前預け、武器・弾薬の引き渡しが伝えられた。

西郷は三月十三日、高輪の薩摩藩邸に入り、同日から勝と西郷の間で江戸城引き渡しの交渉が行われた。

勝は「慶喜は隠居の上、水戸に謹慎すること」、「江戸城は明け渡しの後、即日田安家に預けること」などの幕府としての提案事項を伝えた。

西郷は総督府にて検討するとして、十五日の総攻撃は中止となった。

その結果、四月四日に勅使（先鋒総督・橋本実梁ら）が江戸城に入り、「慶喜は水戸に謹慎すること」、「江戸城は尾張家に預けること」などを勅許として伝え、四月十一日に江戸城は無血開城され、城は尾張藩、武器は肥後藩の監督下に置かれることになった。

同日、慶喜は水戸に向けて出発し、有栖川宮熾仁親王《ありすがわのみやたるひと》が江戸城に入り、江戸城は新政府の支配下に入った。

こうして、江戸城は無血に開城されたが、このことに憤りをもつ幕臣や旧幕府側の諸藩は、この後、東日本の各所で新政府に対し強烈な戦いを展開する。

江戸城の無血開城に従わぬ幕臣の一部は千葉方面に逃れ、船橋大神宮に陣を張り、閏《うるう》四月三日に市川・鎌ケ谷・船橋周辺で新政府軍と衝突した。

この戦いは、当初、数に勝る旧幕府軍が有利であったが、戦況は装備に勝る新政府軍に傾き、そのまま新政府軍の勝利に終わった。

これは、江戸城無血開城後の南関東地方における最初の本格的な戦闘であり、新政府軍にとっては旧幕軍に江戸奪還をあきらめさせ、関東諸藩が新政府への恭順に傾く動機を与えた点で意義は大きい。

（＊1）近藤勇：天保五年（一八三四年）、武蔵国多摩郡上石原村の百姓・宮川久次郎の三男として生まれる。嘉永元年（一八四八年）十一月、江戸牛込の天然理心流剣術道場に入門。文久三年（一八六三年）正月、幕府の旗本・松平忠敏が庄内藩出身の清河八郎の献策を容れ、十四代将軍徳川家茂の上洛警護をする浪士組織「浪士組」の参加者を募ると、天然理心流宗家を継いでいた近藤も門人らと共に参加した。のちに清河らとは袂《たもと》を分かち、芹沢鴨らと新たな浪士組織「新撰組」を作り、京都守護職を務める会津藩主・松平容保預かりの集団となり、京都の治安維持に当たった。身勝手な芹沢鴨を排斥（暗殺）して自ら組長となり、厳しい規範を主張する副長・土方歳三《ひじかたとしぞう》と共に一時期、京都に集まってくる尊王攘夷派の浪士らを震撼させた。

（＊2）山岡鉄舟：天保七年（一八三六年）六月十日、旗本の家に生まれる。六〇〇石取りというから、かなり裕福であったが、鉄舟が十代後半の頃両親が相次いで亡くなり、その後は貧乏暮らしを余儀なくされたが、若い時から励んでいた剣術修行は怠らずに続けた。清河八郎が作った「浪士組」に入り幹部として活躍し

たが、鉄舟が幕末に成し遂げた最大の功績は、江戸に総攻撃を仕掛けようとしていた官軍に対して、幕府の軍事総裁・勝海舟が鉄舟を官軍の参謀・西郷隆盛の許へ下交渉のため派遣したが、鉄舟は競《きお》い立つ官軍の陣地に命がけで乗り込み、西郷との会談に成功したことである。

維新後は新政府に出仕し、いくつかのポストを務めた後、明治天皇の侍従として仕えた。

上野戦争・東北地方の戦い

慶喜が謹慎していた上野・寛永寺には、江戸無血開城に備えて江戸の治安を統括する組織として認定を受けた旧幕府の彰義隊が駐屯していた。このことは幕府主流派から「裏切り者」呼ばわりされていた勝海舟にとって一定の成果であった。

ところが、実際の彼らは新政府への敵対意識をあらわにし、新政府軍兵士への集団暴行殺害を繰り返していた。

西郷隆盛は、彰義隊をどうにか懐柔しようとしていた恭順派の勝との手前、対応が手ぬるいとの批判を受けた。

大総督府は西郷を司令官から解任し、長州藩士・大村益次郎[*1]を新司令官に任命したが、大村は海江田信義ら慎重派を制して武力による殲滅を主張した。

五月一日に彰義隊に江戸市中取締りの任を解くことを通告、これにより彰義隊との衝突事件が上野近辺で頻発した。

新政府軍が五月十五日に攻撃を開始し、上野戦争が始まったが、この時、新政府軍は佐賀藩が製造した新兵器・アームストロング砲を活用し、彰義隊を狙い撃ちにした。彰義隊はなす術《すべ》もなく崩壊し、上野戦争はたったの一日で新政府軍が圧勝した。


東北地方でいくつかの戦いが起こった。

三月二十二日、新政府に敵対姿勢を続けていた会津藩および庄内藩を討伐すべく、奥羽鎮撫総督と新政府軍が仙台に到着した。主な人物は、総督・九条道孝、副総督・澤為量《さわためかず》、参謀・醍醐《だいご》忠敬《ただゆき》、下参謀の世良修蔵と大山綱良《つなよし》である。

三月二十九日、仙台藩、米沢藩をはじめとする東北地方の諸藩に、会津藩および庄内藩への追討命令が下った。

四月十九日、藩主・伊達慶邦《よしくに》の率いる仙台藩の軍勢が会津藩領に入り戦闘状態になった。

一方で、仙台藩は三月二十六日、会津藩に対し降伏勧告を行い、四月二十一日にいったん合意に達した。だが、この合意は反故《ほご》になり、さらに四月二十三日、澤為量および大山綱良の率いる新政府軍が庄内藩を攻撃したが、庄内藩が勢いを盛り返し閏四月四日には天童城を攻め落としたため、情勢は混沌としてきた。

会津藩、庄内藩赦免の嘆願書を起案するための会議が東北諸藩の間でもたれたが、これが新政府と敵対する軍事同盟へと変革していった。

赦免の嘆願書は新政府によって拒絶されたので、天皇への直接建白を行う方針に変更された。

閏四月二十三日、奥羽十一藩が新たに加わり、二十五藩による奥羽列藩盟約書が調印された。会津・庄内両藩への寛大な処分を要望した太政官《だいじょうかん》建白書も作成された。

さらに、新政府との会談が決裂した長岡藩ほかの北越同盟の六藩が加入し、計三十一藩による奥羽越列藩同盟が成立した。なお、会津・庄内両藩は列藩同盟には加盟せず、会庄同盟として列藩同盟に協力することになった。

だが、この同盟は、天皇への嘆願のための連合のようなもので、もともと恭順のための会議であったものが途中で反政府目的の軍事同盟に転化したものであったから、本来軍事敵対を考えていなかった藩など各藩に思惑の違いがあり、戦略に統一性を欠いていた。

東北での戦いは、庄内藩も戦術指揮に優れていたため、一時は新政府軍を圧倒した。

総督府の一行は盛岡藩に入ったが、藩主・南部利剛《としひさ》の態度が曖昧だったため七月一日、久保田藩に移動した。

続いて弘前《ひろさき》藩を説得するため分隊を弘前に送り込もうとしたが、弘前藩の列藩同盟派に矢立峠を封鎖され、そのために奥羽鎮撫総督府およびその部隊は久保田藩に留まることになった。

久保田藩の新政府への接近を察知した仙台藩は、久保田藩に使者七名を派遣したが、それまでに仙台藩に同僚らを殺害された過去がある久保田藩は、これらの使者と盛岡藩の随員を全員殺害してしまった。このあと、久保田藩は奥羽越列藩同盟を離脱し、東北地方における新政府軍の拠点となった。

久保田藩に続いて新庄藩、本荘藩、矢島藩、亀田藩が新政府に恭順した。

だが、庄内藩、仙台藩の軍勢は連戦連勝に近い状態で、久保田領、矢島領、本庄領を制圧していった。

また、盛岡藩は列藩同盟に与《くみ》することに決め、久保田領に攻め込み、大館城を攻略したが、佐賀藩を中心とする援軍の到着で勢いを盛り返した久保田軍は、盛岡軍を藩境まで押し戻した。

庄内藩も上山藩が官軍に降伏したため、九月十七日に撤退を始め、以降は自領防衛に徹した。

九月二十二日、会津藩が降伏し、東北戦争の勝敗がほぼ決した。同日、盛岡藩が降伏し、二十四日には庄内藩、亀田藩も降伏した。

（＊1）大村益次郎：文政七年（一八二四年）五月三日生まれ。長州藩の医師（村医の出身）、西洋医学者、兵学者としても活躍した。

幕府の第二次長州征伐の時、武士、農民、町民階級を統合した近代軍を率い幕軍と戦い、大いに破った。宇和島藩では西洋兵学と蘭学の講義と翻訳を手がけ、また長崎に赴いて軍艦製造の研究も経験した。安政三年には、藩主・伊達宗城の

参勤交代に従って江戸に赴き私塾「鳩居堂」を開塾し、蘭学、兵学、医学を教えた。同年十一月、その身分のままで幕府の蕃書調所教授方手伝となり、外交文書、洋書翻訳のほか兵学講義、オランダ語講義など行った。

明治二年九月四日夕刻、長州藩大隊指令の静間彦太郎、大村の鳩居堂時代の教え子で伏見兵学寮教師の安達幸之助らと会食中、元長州藩士の団伸二郎、同じく仲代直人ら八人の刺客に襲われた。静間と安達は死亡、大村は重傷を負った。団ら兇徒が所持していた「斬奸《ざんかん》状」では、大村襲撃の理由は兵制を中心とした急進的な変革に対する反感にあったと記されている。これが元で十一月五日、逝去した。享年四十六。明治は惜しい人物を失った。

箱館戦争

榎本武揚《たけあき》＊1ら旧幕府海軍を主力とする勢力は、もはや奥羽越列藩同盟の敗北が濃い八月十

九日になって江戸を脱出した。出帆が遅れたのは、徳川慶喜の動向を見届ける必要があったためと言われている。

八月二十六日、仙台藩の浦戸諸島・寒風沢島《さぶさわじま》（松島湾内）などに寄港し、同盟軍や大鳥圭介・土方歳三[*2]など旧幕府軍残党勢力、約二五〇〇人を収容し、十月十二日に蝦夷地（北海道）へと向かった。

北海道の松前藩は奥羽越列藩同盟に属していたが、七月二十八日に尊王を掲げる正義派による政変が起こり、以後は新体制派に帰順していた。十月二十六日、榎本は箱館五稜郭などの拠点を占領、十月五日に事実上の独立権力を打ち立てた。

榎本らは北方の開拓と防衛を名目として、朝廷の下での自らの蝦夷地支配の追認を求める嘆願書を朝廷に提出したが、新政府はこれを認めず軍を派遣した。

旧幕府軍は松前、江差などを占領するのに、軍事力の要となる開陽丸を悪天候で座礁沈没させるなど、海軍兵力の低下は否めず、宮古湾で海戦を挑んだもののあえなく敗れた。

その後、新政府軍は青森に軍事拠点を置き、旧幕府軍の不意を衝いて明治二年（一八六九年）四月九日、江差の北、乙部《おとべ》に上陸した。

その後進軍を続け、五月十八日、榎本武揚らはあえなく降伏し（土方歳三は戦死）、戊辰戦争は終結した。

（＊1）榎本武揚：天保七年（一八三六年）八月二十五日、幕臣の息子として生まれる。父・榎本武規も地理学、天文学の学者で、その息子らしく英才で、幕府の昌平坂学問所や、中浜万次郎の英語塾で学問を修めた。さらに海軍力増強を目指していた幕府の海軍伝習所に入学し、海軍知識も蓄えた。その後、幕府の留学生としてオランダに渡り、海軍や国際法、造船などの知識を学んだ。

やがて幕府の海軍副総裁に就任したが、戊辰戦争で幕府が江戸城の無血開城を決め事実上敗北したため、幕府海軍も新政府に引き渡されることになったが、武揚はこれに反発し品川沖に碇泊していた軍艦を率い江戸を脱出し蝦夷《えぞ》地に向かった。新政府に抵抗を続けていた東北の武士を吸収しながら蝦夷地に入り、箱館の五稜郭を根拠地とし、独立政権を樹立しその総裁に選ばれ、新政府軍に対し大いに奮戦するが、ついに敗れ、五稜郭は落城した。

だが戦後、黒田清隆の斡旋で死刑は免れ、維新後、新政府に出仕し、海軍卿、逓信（郵政）大臣、農商務大臣、文部大臣など重要ポストを歴任した。武揚の新政府への転身には批判的な意見もあるが、維新後の武揚の異例の栄達は、武揚自身の類稀《たぐいまれ》な能力にあったと評価すべきであろう。

（＊2）土方歳三：天保六年（一八三五年）五月五日生まれ。新撰組時代には、局長・近藤勇の右腕として数々の事件で武名を馳せた。隊内に峻厳な規律を実施して「鬼の副長」と称され、剣豪ぞろいの隊士たちから恐れられた。規律の実施は局長・近藤勇より厳しかったと言われる。また新撰組は一時期、京都に集まってくる浪士（特に尊王攘夷の浪士）を数多く惨殺した。

戊辰戦争では旧幕軍側指揮官の一人として各地に転戦し、また「蝦夷共和国」では軍事治安部門の責任者に任ぜられ軍才を発揮したものの、明治二年五月十一日、戊辰戦争の最後の地となった箱館五稜郭防衛戦で狙撃を受け戦死した。享年三十四。

東京（旧江戸）に遷都する

東北、蝦夷で戦いが続いていたが、京都では新しい動きが始まっていた。

まず、新政府の中央行政機構をどこに置くかである。

京都に統治機構を置くか、いや、大坂の方がよい、と議論は尽きなかったが、どちらも行政機構を収める器（建物）がない。

結局、徳川幕府が二六〇年の統治を続けた江戸しかないだろうということになった。

まだ、徳川の影響力が強く残っているという懸念があったが、これしかない、という選択であった。江戸は慶応四年七月十七日に東京と改称され、九月八日明治改元となった。

そして、十月十三日の天皇の行幸により、江戸城はそのまま天皇の皇居となった。

だが、ここに至るまでの道のりは、決して平坦なものではなかった。

江戸城の無血開城については前述したが、江戸に逃げ帰った徳川慶喜は後のことを勝海舟と大久保一翁に任せた。

二人は武力抵抗をせず、なんとか徳川家を一つの大名として残したいと考えた。幕府機構を解体し譜代大名をすべての役職から退け、旗本だけで江戸および周辺の徳川領を統治していきたいと考えた。

そして慶喜は慶応四年二月十二日、寛永寺大慈院に蟄居《ちっきょ》し、京都の新政府あてに謝罪書を提出していた。

しかし京都側は、これを受け付けなかった。徳川家を根こそぎ殲滅して、旧幕府の土地を没収しなければ財政が成り立たないとみていたようだ。

慶喜の謝罪は拒絶され、和宮《かずのみや》や輪王寺宮《りんのうじのみや》が嘆願したが、これも効果がなかった。

東征軍は、東山道や東海道から続々と江戸に迫ってきた。

幕府側の東征軍に対する交渉は、三月上旬の山岡鉄舟の決死的な努力で実現した。鉄舟は薩摩藩士・益満休之助《ますみつきゅうのすけ》に伴われて東征軍の前線を必死の思いですり抜け、駿府の大総督府参謀の西郷隆盛に面会した。

だが、西郷が示した条件は、武器を引き渡し、江戸城をすべて撤収し、徳川氏を大名として存続させる保証はできないという過酷なものであった。

勝海舟と大久保一翁は、これは受諾できない。

勝は江戸総攻撃が予定されていた前夜までの三月十三日・十四日の二日間、必死の思いで西郷を説いた。勝が言いたかったのは、新政府になっても薩摩藩や長州藩はそのまま残っている。なぜ、徳川家だけが潰されるのか、それは不当な処置であるということであった。それを懸命に主張した。

また、領地や武器に関しても、いったん引き渡すが相当数は返してもらいたい、ということも強く求めた。勝の切実な説得がついに西郷を動かした。

西郷は、勝の要望にうなずき、一度京に持ち帰って相談すると言った。

このため、三月十五日に予定されていた江戸総攻撃は延期され、江戸は焦土となることをまぬがれた。

新政府内で話し合いの結果、徳川家は残すということで合意ができ、四月十一日に江戸城は戦端を開くことなく新政府に引き渡されたのである。

第三章　新国家・明治は躍る

版籍奉還の上表が出る

蝦夷地では、なお戦いは続いていたが、新政権内部では新たな大きな動きが出てきた。明治二年（一八六九年）一月二十日、薩長土肥の藩主が連署して版籍奉還の上表を政府に提出した。これを見て他の諸藩は大いに慌てたが、結局われもわれもと同趣旨の上表を政府に差し出した。

新政府は六月十七日から二十五日にかけて上表を提出済みの諸藩に対して、これを許可すると通告した。

この「版籍奉還」は、まさに中央集権国家への第一の布石として、実に大きな意義がある。

幕府が倒れても、諸藩がそのままでは中央集権国家になるのは難しい。

しかし、倒幕戦は薩摩や長州などの討幕派諸藩が、それぞれの武力を結集して幕府に対抗したが、勝利後に自分の藩を消滅させるということは全く念頭になかった。

この版籍奉還に関しては、大久保利通や木戸孝允《たかよし》*1らの功績が大きい。

大久保や木戸ら新政府の事実上のリーダーたちは、薩摩や長州のような倒幕の中心となった藩から自発的にその領有権を放棄させることによって、藩を消滅させることがよいと考えた。これは、思い切った発想である。

そこで、前年のうちにそれぞれの藩主の説得を開始した。土佐は板垣退助が、備前は大《お》隈重信《くましげのぶ》*2が中心になって動いた。

その結果、前述のように明治二年一月二十日に版籍奉還の上表を政府に提出するという結果につながったのである。

「版籍奉還」の版は版図、すなわち領土、籍は戸籍、すなわち人民のことである。支配下の領土と人民を差し出しましょうということである。

このあと、政府は官制の大改革を行った。

議政官を廃して神祇官《じんぎかん》と太政官の二本立てとし、太政官のもとに民部・大蔵など六省を置いた。これは古代律令体制とそっくりの機構である。

太政官の中心になるのは、大臣・大納言・参議であるが、まず大臣には三条実美、大納言には岩倉具視ら実力派公家、参議には大久保利通ら薩長土肥出身の改革推進を担う人たちが就任した。各省の卿の地位には公家や旧藩主の名があったが、次官級以下は旧藩士の実力者が占めていた。

これで、近代的な中央集権国家の骨組みは出来上がったが、実質的な社会政治機構はほとんど変わらなかった。

大政奉還のあと、政府はあらためて旧藩主をその藩の知事に任命した。知事は旧藩主家の世襲であるかのように受け止められ、これに対する反対意見もあったが、旧藩主と無関係の人物を知事に任命するほどの力は新政府にはなかった。

そして、藩知事の家計と藩の家計を明確に区分するという動きが始まった。この点、藩は知事の私有物ではないという認識はできてきたが、旧藩主の下で旧家臣団が行政官僚を務める体制では根本的な改革はできそうにない。

この武士という特別な階級を存続させるということが大きな問題となってくる。

翌年（明治三年）になって新たな動きが出てきた。

高知土佐、紀伊和歌山、肥後熊本などでは新制度の知事のもと、めざましい改革が進んだ。例えば土佐では、板垣退助が中心になって財政整理に着手し、士族からも税を徴収し、士族・農民に商業を営む権利を認めたが、士族そのものをなくす方針を進めようとした。

また、この年五月二十八日に集議院が開設された。二年七月の官制改革で公議所が改組改称されたもので、太政官から諮問された問題を諸藩から選ばれた議員が審議することになっていたが、今回の議案は藩をどうするかということであった。

翌年（明治四年）、それまで鹿児島に帰ったままになっていた西郷隆盛が、政府の強い要請を受け上京してきた。

西郷を中心に鹿児島、山口、高知三藩の兵一万で親兵を組織し、中央政府直属の部隊とすることが二月十三日に決まった。

これで、新政府が、初めて藩から独立した軍隊を持つことができた。

さらに、政府中心部の改革があった。西郷が参議に就任し、木戸以外の参議はすべて辞任した。これで西郷・木戸二人で参議を固める体制が出来上がった。

こうしておいて、七月十四日、廃藩置県の詔書が出た。

廃藩置県は唐突に断行されたように思えるが、実は準備周到のもとに行われたのである。廃藩置県を断行するには、戊辰戦争の終結のあと郷里に帰ってしまった西郷隆盛を引っ張り出す必要があった。そのため、三年十二月、岩倉具視を勅使、木戸孝允、大久保利通を副使格に立て鹿児島に向かわせた。

表面上は久光の引き出しであるかのように見せかけたが、狙いは西郷であった。久光も、そのことはわかっていたようで、自分の上京は断ったが、西郷を上京させることには同意した。

だが、西郷はなかなかウンと言わない。結局、欧州視察から帰国していた西郷従道《つぐみち》[*3]の説得でやっと腰を上げた。

久光に遠慮があった西郷が、前述のごとく再び中央で活躍することになる。

思想面でも大きな影響を受けた。少年期に茶坊主として藩主・島津斉彬に出仕し、成人後は隆盛も参加していた藩内精忠組に加わり、勤王攘夷運動に打ち込んだ。この精忠組の急進派と共に京都で所司代を襲撃し、薩摩藩を否が応でも倒幕に傾けようとした。だが、これは藩主の父として実権を握っていた島津久光に鎮圧された（寺田屋事件）。

従道は若かったため、鹿児島へ帰藩のうえ、謹慎処分となった。薩英戦争が起こると謹慎も解け、従道は決死隊に志願した。戊辰戦争のときは、鳥羽伏見の戦いで銃弾が体を貫通するほどの重傷を負いながらも各地を転戦した。

明治政府成立後は、文部卿、海軍大臣など政府要職を歴任し、日本陸軍、日本海軍の創設・増強に大きく貢献した。

廃藩置県

版籍奉還の時とは違い、廃藩置県は事前に上表を出させるような根回しをせず、突然、上からの命令として宣告された。まさにクーデターのごとくである。

しかし、このために西郷らは明治四年（一八七一年）七月九日頃から木戸の邸で何度も話し合いを持った。

何しろ、徳川幕府の二六〇年の間続いた「藩」を一片の布告で消滅させようというのだから、よほどの覚悟でやらねばならない。

当時のことを大久保利通が自らの日記に記しているのを見ると、

「藩を残したままで近代化を進めても政府は瓦解するに違いない。同じ瓦解するのなら廃藩という英断をやってのけ、その上で潰れた方がよいではないか」

といった意味のことを書いている。まさに必死の決意でやったことがわかる。

同年七月十四日に廃藩置県の布告が出た。

翌十五日に、大臣、参議、各省の卿、大輔らが集まって、もし諸藩が反抗したらどうするか、ということで議論が沸騰した。

いつまでたっても議論がやまない。

ついに西郷が、

「おいが兵を率いてぶっ壊しもす！」

と大声で怒鳴ったので、やっとおさまった。

だが、彼らの期待（?）した諸藩の反抗の動きは全くなかった。

当然、不満を持つ藩主も多くいたと思われるが、大部分の藩はすでに政治的経済的基盤が弱体化しており、藩財政も赤字のところが多かった。

その赤字も丸ごと中央政府が肩代わりしてくれるというのであるから、やれやれと思った藩主も多かったに違いない。

さらに、旧藩主は華族という特権身分と家禄を与えられた。生計を立てていく保証がなされたといえる。そして、旧藩主は東京に住居を移すことになる。一般武士も士族として禄を保証された。だが、これは十分なものとは言えなかった。

やがて、旧武士階級の不満が爆発する遠因となる。

官制改革・岩倉使節団の派遣

廃藩置県の実施の後、明治四年七月二十九日に官制の大改革が行われた。

太政大臣に三条実美が就任した。この太政大臣制は明治十八年に内閣制に代わるまで続き、三条実美が太政大臣を続けることになる。

さらに、参議は薩長土肥の出身者で完全に固められ、各省から公家や旧藩主は一掃され、薩長土肥出身の実力者が長官や次官のポストを独占した。

廃藩置県と官制改革で近代的な中央集権国家の骨組みは出来上がった。

しかし、国政は何をするのかという中身に関しては、当事者それぞれに確固たる見解がなかった。

そこで、不平等条約の改正交渉を兼ねて大型の使節団が欧米に派遣されることになった。右大臣の岩倉具視が全権大使になり、木戸孝允参議、大久保利通大蔵卿、伊藤博文工部大輔、山口尚芳外務少輔の四人が副使となった。

十月八日に任命され、十月十二日に横浜を出港した。総勢四十八人の大使節団であったが、このほかに津田梅子ら留学生一行も乗船した。

翌明治五年、西郷隆盛を筆頭とする「留守政府」が、農民の土地所有の承認、地租改正の準備、徴兵の方針決定、太陽暦の採用などを着々と進めていった。

どうも、内々に留守組に対して欧米視節団から我々の留守の間に勝手に重要な事項を決めないでくれという申し入れがあったように思えるが、留守組は、そのことはあまり意に介さず、自分たちの思うままに積極的に進めて行った。

一月二十九日、世襲の卒（下級武士）を士族に編入し、他は平民と決まった。これで、皇族、華族、士族、平民の四族の身分呼称が定まった。

続いて、二月十五日には土地永代売買の禁がついに廃止された。この禁令は徳川幕府が寛永二十年（一六四二年）に発し、以来二三〇年もの間、農民を縛り付けていた。だが、実際に土地の売買がなかったわけではなく、質入れ、質流れなどによる耕作権の移動は行われていた。今回の政府の処置は、事実上成立していた農民の土地所有権を法的に追認したものである。

アメリカ滞在中の岩倉使節団は、条約改正のためには元首の発行した全権委任状が必要だと教えられた。彼らは慌てて、副使の大久保利通と伊藤博文を日本暦二月十二日にワシントンを出発させ、日本に戻した。二人は三月二十四日に帰朝している。

委任状の発行を巡って大久保、伊藤と留守組の間でひと悶着あったが、五月十四日にいたってようやく交付され、それを持って二人は六月十七日にワシントンに戻った。

ところが、条約改正交渉は中止となって委任状は役に立たなかった。なんとも、この頃の日本政府の国際的な認識レベルを感じる挿話である。

六月四日にマリア・ルーズ号事件が起こった。

これは、横浜に寄港していたペルー国籍のマリア・ルーズ号から中国人苦力が脱出して英国軍艦に保護され、次いで神奈川県に引き渡された事件である。

神奈川県は形式的な取り調べをしただけで、その苦力を船長に引き渡した。

イギリスの代理公使ワトソンは、六月二十九日、苦力の惨状の独自調査に基づき、外務卿副島種臣[*1]に再調査を申し入れ、アメリカもこれに同調した。

驚いた副島は、神奈川県大参事大江卓《たく》に事件処理を命じた。

大江は英米の支持を受け、裁判を行い、強引に中国人奴隷の解放を決定し、苦力たちを中国使節に引き渡した（九月十三日）。

この事件には、思わぬ余禄がついた。

十月二日、太政官は人身売買と娼妓などの年季奉公を禁止し、現在身柄を拘束されているものは無償で解放するよう布告した。

十一月二十八日、全国徴兵の詔《みことのり》が発布された。四民平等の権利を基礎に国を守るための義務を課するというのが目的だが、官吏、専門学術を学ぶもの、代人料二七〇円を払ったもの、戸主、嗣子などは兵役を免除されるという、まことに不平等なものであった。

十一月九日、大陰暦を廃して太陽暦を採用するとの布告が出た。これで、明治五年は十二月二日で終わり、翌三日は六年の一月一日となった。これで、やっと世界の仲間入りを果たした。

明治六年になり、二月二十八日に副島種臣外務卿の清国派遣が決まり、三月に渡清し、四月三十日に条約の批准書を交換した。

これは、明治四年に伊達宗城が全権大使となって清国に渡り、日清修好条規に調印したが、その第二条の同盟規定に欧米からクレームがつき、また同年十一月に琉球人が台湾で殺害されるという事件が起こり、この条約はまだ批准されていなかった。

今回、副島の渡清は批准書の交換であったが、この滞在中に「清国皇帝への謁見に臣従の礼をとらないこと」、また、台湾問題を日本に有利な方向で解決するなど外交的成果をあげた。

副島の指示で動いていた公使・柳原前光《さきみつ》は、「台湾生蕃は化外《けがい》の民」（台湾の先住民は統治の及ばぬ民である）との言質をとりつけた。

政府は、四月十日、官職にある者が職務に関する意見を私的に新聞紙に掲載することを禁止すると発令した。

だが、五月七日、大蔵大輔・井上馨《かおる》*2、同省三等出仕・渋沢栄一*3の財政改革意見が「日新真事誌」などに掲載されて物議をかもし、同十四日、井上、渋沢は免官された。

留守内閣内部の対立が、まだ目立つほど表面化していないものの徐々に強まりつつあり、山縣有朋ら長州閥と陸軍をめぐる汚職事件や職権乱用事件もあり、司法省が動き始めていた。

こうしたゴタゴタに悩まされた太政大臣・三条実美は、岩倉使節団に早く帰朝するようにと何度も要請した。

しかし、使節団内部でも対立が生まれており、両巨頭の大久保と木戸の間に不和が生じ、二人は岩倉より早く帰朝したが、それぞれ別々に帰ってきた。
帰朝後も、双方とも形勢観望をきめ込んで、すぐに動こうとはしなかった。

（＊1）副島種臣：文政十一年（一八二八年）、佐賀藩士・枝吉南濠の次男として生まれる。父は藩校（弘道館）の教授を務める国学者。父と兄の影響を受け、早くから尊王攘夷思想に目覚める。弘道館に学んだが、この間に江藤新平や大木喬《たか》任《とう》と交わる。嘉永五年（一八五二年）、京都に学び国学、漢学などを修め、さらに兄・神陽の命を受けて、大原重徳《しげとみ》に将軍廃止と天皇政権による統一を進言する意見書を提出した。久邇宮朝彦《くにのみやあさひこ》親王から藩兵を率いての上洛を求められたが、藩主・鍋島直正に退けられた。
　安政六年、父南濠が死去。同年三月に同藩士・副島利忠の養子になった。維新後は、外務卿、内務大臣、枢密院副議長など要職を歴任した。

（＊2）井上馨：天保六年（一八三六年）十一月二十八日生まれ。長州藩士。清和源氏の一家系河内源氏の流れをくむ毛利氏家臣の井上氏の出身。先祖は毛利元就の宿老である井上就在《なりあり》。聞多《ぶんた》という通称名は長州藩主・毛利敬親から拝受した。
　太政官制時代に外務卿、参議などを務め、黒田内閣で農商務大臣、第二次伊藤内閣では内務大臣など要職を歴任した。

（＊3）渋沢栄一：天保十一年（一八四〇年）二月、武蔵国榛澤《はんざわ》郡血洗島（現・埼玉県深谷市）で麦作と養蚕、藍の栽培と売買を営む豪農の長男として生まれる。父（晩香）は教育熱心な人で、幼い頃から栄一に漢詩や論語を教え、栄一が七歳になると近所に住む従兄弟の尾高惇忠につかせて論語を本格的に学ばせた。

成人して、尊皇攘夷の思想の影響を受けていたが、かねて懇意の平岡円四郎（徳川一橋家の重臣）の勧めで一橋家に仕官することになった。尊皇攘夷から一転して幕府方の一橋家に仕官したことになる。一橋家の財政を担当したが、新しい事業の運営などみるみる頭角を現していった。

だが、第二次長州出兵の最中に将軍家茂が病没し、将軍後見職だった一橋慶喜が十五代将軍に就任するに伴って幕臣となる。その後、渋沢は欧州視察に出かけるが、この視察で得たものと、それまで幼くして学んだ論語、また染料の商いで磨いた商才、京都で幕臣として農業を学んだことなどが加わり、彼の才能は維新後の日本経済の勃興に大きな影響をあたえることになる。

征韓論が急激に浮上

副島外務卿が成果を挙げて清国から帰朝して後、次は朝鮮だということになった。西郷隆盛は、明治六年（一八七三年）八月三日、太政大臣・三条実美に対し、自分を朝鮮に派遣することを閣議決定するよう要請した。

なぜ、この時期に朝鮮問題が浮上してきたのか、この問題は、実は奥が深い。

少し紙数を割いて説明する必要がある。

遡るが、明治元年十二月に朝鮮に対してこれまでの取り次ぎ役の対馬の宗氏を通じて、我が国は幕府政治を廃して、固有の天皇親政の国に復したから、従前通りご交際を頂きたいと申し送った。

ところが朝鮮は、国書の書式が違うとか「皇上」など中国皇帝に対する専用語を使用しているとかクレームをつけて、この国書を受け付けなかった。

繰り返し国書を送ったが、同様でらちが明かない。

結局、直接交渉に切り変え、外務権大録・佐田白茅《さだはくぼう》と少録・森山茂を派遣し、交渉させたが、依然要領を得ないばかりか、態度が非常に傲慢無礼であった。

当時の朝鮮の権力を握っていたのは李是応で、国王・李熙《りほう》（高家）の実父であり大院君と尊称されていたが、彼が日本を最も嫌い、最も軽蔑していたことの影響もあって、官吏らの応対ぶりも傲慢無礼をきわめたらしい。

頭にきた佐田は、あとのことを森山に任せて東京に帰り、激烈な征韓論をとなえて、政府高官連の間を説いてまわった。これは明治三年の春のことである。

政府要人らは朝鮮との交渉のもつれが続く間に、だんだん征韓論への情念が熱くなっていった。

なかでも取り分け熱心であったのは、外務卿・副島種臣であった。

副島は岩倉大使らが欧米に行くに際して、岩倉に代わって外務卿になった人だが、外交には結構詳しい。樺太《からふと》の国境問題に関してロシアと交渉した実績もある。朝鮮問題にも以前から関心があった。

この副島の屋敷が越前堀にあって、西郷の屋敷に近い。時々出かけて行っては話し込む。西郷は大いに傾聴した。

西郷は、この朝鮮問題をただ単に朝鮮だけの問題とは考えなかった。ロシアが必ず満州・朝鮮を侵略し、日本の大いなる脅威となるであろうと、ロシアとの関連で考えるようになった。

さらに、彼が今最も憂えていることと関連して考えた。

それは、日本の政界と官界を覆っている驕奢《きょうしゃ》と堕落の風である。維新の精神を忘れた政治家と高級官僚の頽廃《たいはい》は重症化しており、尋常の方法では粛清できないと、彼は見ていた。

「維新をやり直して鉄火の中に鍛え直すより外にない。今のままでは日本は亡びる」

という憂えが、その胸を去ることがなかった。

だが、そのやり直しの方法の具体策が思いつかない。

焦心している間に、征韓論が盛んになってきた。

「これでいこう！」

と思った。朝鮮とのこじれは、いずれ戦になるに違いない。戦になれば官僚らの気持ちも引き締まる。戦時立法として厳格な粛正令も出せる。否が応でも彼らの心がけも改まり、国は救われるのではないか。

加うるに、もう一つ別の問題があった。

明治元年以来の急激な変革によって、世間には反動の気運がみなぎりつつあった。廃藩置県によって常禄をはなれた武士らは、不平不満、自暴と反抗の気に満ちていた。西郷はこれを外に向けることができると考えた。

西郷は留守参議の中では板垣と一番仲が良かった。互いに南国的な明るい性格であったからだろうか、何よりも板垣の物欲のない清潔な性格と質実な生活に好感が持てたからであろうか。

西郷は板垣に朝鮮問題を語った。どの程度具体的なことを語ったかは不明だが、板垣も朝鮮問題には強い感心があったから、よく話し合った結果、現状探索のため二組の軍人や外務省官吏の派遣を政府に提議した。

さらに、西郷と板垣は、三条に朝鮮問題の処理を促した。清国から帰朝していた副島も同調する。三条は岩倉大使らの帰国するまで待つように言ったが、世間の議論は盛んになり、西郷らに何度も督促され、感極まって、岩倉大使らに早く帰ってきてくれと言う始末であった。

副島が特命全権大使として清国に赴き、修好条規の批准書を交わしてきたことなどは先に述べたが、副島はこの時、北京で毛総理各国事務衙門《がもん》大臣に会って、二つのことを確かめている。

その一つは、台湾問題である。この年の二年前に琉球の漁民六十四人が台湾に漂着して、生蕃人らに惨殺された事件である。これに関しては、副島が清国の責任を問うたところ、毛総理大臣は、

「生蕃は化外の民、教化が及ばない。責任の取りようがない」と答えた。

そうであれば、我が国が兵を出して、これを討っても異議はないか、と問うたら、

「ご随意に。決して異議はない」という言質を得た。

次に朝鮮のことを聞いた。

「朝鮮は……貴国を宗主国と仰いでいるが、事実は如何《いかに》。朝鮮がもし我が国に無礼不法を加えた場合、帰国はその責任を取ってもらえるか」

「朝鮮は我が国の属邦ではない。昔からの習慣によって、我が正朔《せいさく》を奉じているにすぎないから、そこまでの責任は負えない」

「しからば、我が国がこれと戦っても、貴国は異議はないか」

「朝鮮が戦おうと、和親しようと、我が国の関するところではない」

とはっきりと言明した。

副島は、これ以前にも、米国公使デロングにも、ロシアの代理公使ビウッォフにも意見を聴いてみたことがあるが、双方とも干渉しないと応えた。

これで副島は、朝鮮に出兵しても清・露いずれも横槍を入れてこない、と確信した。

副島は七月二十六日に東京に帰ってきた。


副島の帰着に先立つ五月二十六日に、大久保が欧州から帰ってきている。三条太政大臣の要請を受けて、予定を早めて帰国してきた。

西郷は大久保の帰国を大いに喜び、大久保宅をしげしげと訪問した。欧米の見聞談を聴く楽しさもさることながら、何よりも朝鮮問題について最も有力な味方が帰ってきたという思いが強かった。

しかし大久保は、一年半にわたる外遊によって、日本の無力と未発達を骨髄に徹して思い知らされていた。

（早く追いつかねば、日本はこれら列強の餌食になるだろう。追いつくことに全精力を傾注しなければならない。外事のことは当分すべて棚上げだ）と考えている。

この大久保の気持ちと、西郷が語ることとは、調和のしようがない。互いに何か別世界のことを聴くようであった。

けれど、熱情と真心で説く西郷に向かって、反対するのは忍びない。ただただ、気のない相槌を打ち続けていた。

西郷は見かけによらず鋭敏な男だ。大久保の態度が何を意味するかがわかったらしい。

西郷は、五月初め頃から健康を害していた。外出するのがもの憂い。次第に足遠くなり、ついには、ぱったりと大久保を訪問しなくなった。

後世の者の中に、この間に、なぜ大久保の方からせっせと西郷を訪問して、お互いの諒解に務めなかったのか、という見解があるが、果たしてどうであったか。大久保は西郷と何度も話し合う中で、欧米先進国の文明と富強とを自らの目で見ていない西郷に対して、千言万語を費やして説いてもわかってもらえないと感じたのではなかろうか。

西郷の病気はフィラリヤであった。これは南島地方の風土病で、蚊が媒介をするという。南島の流人生活の時に感染したようだ。

この病気は身体に脂肪がつくと悪いといわれる。

元来が肥満性の体質なのに、この時期は一層肥満していた。

明治天皇は西郷のために、侍医とドイツ人医師ホフマンを差し遣わされた。

ホフマンは診察の結果、

「できるだけ脂肪を減らさなければならない」

と言って、強い下痢剤を与え、運動することを勧めた。

西郷は小網町ではそれができにくいので、弟の従道の別荘がある目黒に移った。これも二人が往来和する妨げになった。

この間、大久保は西郷に対して、朝鮮問題については一言も意見を述べなかったと言われる。彼は当時、参議でもなく、太政官会議に出席する資格もなかったから、公の場でも発言していなかった。


朝鮮問題が、最初に正式に太政官会議の議題になったのは、六月十二日であった。

この日は、太政大臣の三条実美をはじめ、西郷、板垣、大隈、後藤象二郎、大木喬任、江藤新平の六参議が全員出席していた。

その会議室に突然入ってきた者がいる。外務少輔・上野景範《かげのり》である。

「緊急に申し上げたいことがあります」

と前置きして、朝鮮問題の経緯を初めから説き起こしてしゃべり始めた。

上野は熱弁をふるう。

「朝鮮政府は、我が使節に対して傲慢無礼であるばかりでなく、近年の日本は禽獣《きんじゅう》にひとしき夷狄《いてき》の風を学び、夷狄の真似ばかりしている。我が国土にこれら禽獣、夷狄の類を入れてはならぬ、と扇動しております。やがては我が居留民に凶害が生じる恐れがあります。武力に訴えても条約を結ばせるか、さもなければ居留民を全員引き揚げさせるかであります。ご裁断を仰ぐためにまかり出ました」

と慷慨《こうがい》の情あふれんばかり訴えた。

この時期、外務省は副島卿は清国に、大輔の寺島宗則は英国にそれぞれ出張中であったので、上野が万事取り仕切っていた。

上野の説明を太政官のメンバーがみんなで聞いていたが、まず板垣が発言した。

「居留民保護は、政府の責任である。すぐ一大隊ぐらいの兵を釜山に出しましょう。談判する上にも、その方が都合がよいでしょう」

西郷は首を振った。

「それは性急にすぎますぞ。そげんことをしたら、朝鮮は日本が国を取りに来たと疑《うたご》うて恐ろしがるでごわしょう。こちらから遣わした使者は、皆卑官ばかりでごわした。じゃから、向こうでも地方役人しか相手にさせなんだ！　こんどは一つ、位も高く、責任も十分に負える全権を出そうじゃありませんか。そうすれば向こうも大官を出してくるでごわしょう」

三条が言った。

「大使は兵隊を連れ、軍艦に乗っていくべきでありましょうな」

西郷は首を振った。

「兵は行きません。大使たるものは、烏帽子直垂《えぼしひたたれ》で、礼を厚うし、威儀を正しくして行くべきでごわす」

「兵を連れてへんだら、殺しよるかも知れまへんで。なんせ頑固な訳わからずやや！」

「そうなればまた幸いでごわす。日本の民は朝鮮政府の暴悪を知ります。万国皆知ります。そこで非を鳴らして討てばよかです」

堂々たる議論である。板垣も、江藤も、後藤も皆承服した。

大隈だけが言った。

「これは国家の重大事でありますから、岩倉大使らのお帰りのあるのを待ってから決めてはいかがでありましょう」

西郷は巨《おお》きな目で大隈を睨むように見て、

「ここは太政官正院でごわす。日本の政務万端の元締をする堂々の場所でごわす。国家の大事に際して、是非を決定できんようなら、ただ今から院門を閉めて、百般の政務を議するのをやめるがようごわす」

と一蹴した。

西郷は、さらに発言する。

「この大使には、私をやってくだされ。お願いしもす」

一同は驚愕した。みんな急には声も出ない。西郷は政府の重鎮だ。一昨年、岩倉らが使節として国外に行けたのも、西郷が留守政府の重石《おもし》になっていたからである。

朝鮮問題は重大問題であるに違いないが、西郷が自ら出馬しなければならぬほどのことは思われない。しかも、今の情勢からすれば、大使が危害を加えられる危険性は大である。

一同はそれぞれ、貴殿がお出かけになることはないと言ったが、西郷は首を横に振る。

「私をやってくだされ、朝鮮の問題はロシアの問題につらなります。日本の将来の大問題に関係があります。これは大変重大なことです。ぜひ私をやってくだされ。こうして頼みもす」

と、深々とおじぎした。

参議たちは何も言えず、口をつぐんでしまった。

意見が出なくなったので、西郷はみんなが自分の要求を承認してくれたと受け止めた。

西郷は三条の方を向いて、

「皆さんの異議もなかようでありますから、私を大使に任命することを、お上に上奏していただきとうごわす」

三条は、若い頃は過激派だったようだが本性はおとなしい、気の弱い人だ。途方に暮れながらも、とにかくも、

「そう急に申されても、即答はできません。よう考えてみることにしまほ」

と決議を預かる形にもっていった。

その後、西郷は時々三条に催促した。三条は副島の帰朝を待ってさらに審議した上のことにしたいと言って、西郷をなだめた。

七月二十三日に外遊から帰ってきた木戸に遅れること三日、副島が清国から帰ってきた。外務省の官吏らは、さっそく副島の不在中に朝鮮問題が太政官の議題となり、西郷が自ら大使となって朝鮮に行くことを強く希望していると報告した。

副島はすぐに三条を訪問して、この問題は職分から言っても自分の役目であり、清国の言質も取り付けてきた。西郷さんが大使となって行くことを望んでおられるようですが、これは自分が行くのが順当であると告げた。

三条はこの主張を是と受け止め、西郷にあきらめてもらって貴殿に行ってもらうことにしましょうと返答した。

西郷は、そんなことがあったとは知らなかったが、副島が帰朝して十日ほど経つのに、いまだ会議開催の音沙汰がないので三条に催促したところ、その返書で副島が自ら大使たるを望んでいることを知った。

西郷はさっそく副島を訪問して、

「先生は北京でよか景色を十分に見物してこられたでしょう。京城見物はわしに譲ってほしい。聞いてもらえぬなら、先生を討ち果たしてでも行く」

と、熱情あふれる思いで懇願した。

副島は西郷の異常な思い込みに驚いたが、即刻、未練なく譲った。

西郷は、再度強烈に三条を攻めて、会議の開催を迫った。

西郷のこの執念に押し切られて、三条は会議を開く決心をした。

朝鮮問題は、八月十七日の会議に上程された。出席メンバーは三条と他の参議だが、木戸は病気と言って出席しなかった。

西郷も出席しなかった。

だが、彼は会議の前夜、三条を訪問して、熱心に三条に依頼した。

また、会議の日の早朝に板垣に手紙を持ってやらせて、今日の会議では大いに頑張ってくれるよう頼んだ。

会議の結果は、西郷の希望を容れて大使とすることに決定したが、実際に彼を派遣するのは、岩倉の帰朝を待ってからにすると決議した。天皇の裁可もあった。

西郷は翌日、早朝に三条を訪問した。喜びに満ちた表情でお礼を言った。

そのあと板垣を訪問したが、あいにく板垣は外出していたので、小網町に帰り、翌日手紙を持たせてやった。

この西郷の手紙には、西郷の喜びが最もよく表れている。左記の通りである（海音寺潮五郎著の『西郷と大久保』から引用する）。

「昨日は参上しましたが、ご他出中でお礼申し上げることがかないませんでした。実に近来にない快然たる思いであります。すべて先生のお蔭です。昨日は病気もにわかに平癒した気持ちで、三条公のご殿から貴邸まで飛んでまいった次第ですが、足も軽く覚えました。もう横槍も入る心配もありますまい。生涯最上の愉快です。用事もすみましたから、また青山（目黒）に帰って潜居していましょう……」

板垣は、西郷の喜びようが度外れているように思われ、心配になって、目黒まで行き、「……死に急ぎなさるようなことは決してなさらないように」と忠告した。

ここまでは、西郷の希望が叶ってよかったと言うべきであるが、このあと大変な逆転劇が起こる。

まず、この八月十四日の会議のあった前日に大久保は賜暇願を出して、東京を離れて箱根に行き、しばらく逗留した後、富士山に登り、さらに関西に行き、近畿から紀州方面にかけて遊覧旅行をしている。

なぜ大久保が、日本にとって最も重要な問題が閣議に上程される前日に、東京を離れて悠々と遊び歩いていたのか、今日ではわからないと言われている。

大久保は筆まめな人で、安政六年十一月五日から明治十年三月一日まで、毎日欠かさず日記を書いていたと言われているが、この時期の部分が大久保家では火事に遭って焼失したと言っている。

　したがって、以下は推定であるが、東京にいれば、早晩、幼少の頃からの西郷との友情にそむいて衝突しなければならないと思い、意図的に東京を離れたのではないかということである。

　大久保は、過日の西郷との話し合いの結果、西郷を中央政府から追い出すのも止むなしという決心をしたのではなかろうか。

　大久保は鋼鉄の意志の人だといわれる。だが決して冷血漢ではない。十分に温かい情愛もあることを示すエピソードも残っている。

　だが、信ずる大目的に向かって進む場合は、決して情に流されない。桜田門外の変後には有村雄助、薩摩藩を頼った水戸藩士関鉄之介を、寺田屋事変の時は有馬新七はじめ多くの同志を見殺しにしてきた。大目的のためにやむないと一度決心すれば、それができる男である。西郷の場合も、そう見るべきではなかろうか。


　さて、逆転劇のことである。

　これについては、できるだけ簡略に述べたい。

　征韓論について岩倉は帰朝前にある程度知っていた。

　むろん、反対である。

出発前に留守政府にもかかわらず、自分らの不在中に大官の新任はしないという条項が破られ、多数の参議を任命し、そのメンバーによってこんな大事なことが決議されたことに、強い不快を感じていた。

岩倉は情勢を詳しく調べて、計略を立てる。

まず、大久保に参議就任を依頼する。大久保は自らが参議になれば、西郷と正面から対決しなければならないから固辞するが、岩倉は熱情を込めて切々と説いたので、ついに大久保は承諾する。ただし、一つ条件を付けた。

それは、どんなことがあっても岩倉がゆるがないか、という念押しであった。

「ゆるぎませんよ」

「決して？」

「決してゆるぎません」

「そんなら、お受けします」

ということになった。

これは、あとで考えれば最も重大な念押しになった。

いったい、何の念押しであったのか。思うに西郷は自己の議が容れられなければ必ず辞職するが、それでもかまわないかという念押しであった。

これで岩倉側の陣容が整ったので、西郷が催促していた会議が開催されることになった。

会議は十月十四日に開かれた。

ところが岩倉は、その前夜から術策を弄する。板垣、副島を自邸に呼んで味方になるように説得している。

また、会議の日の早朝に、岩倉から西郷にこれから貴邸に行くから、しばらく参朝せずに待ってほしいという連絡が来る。西郷は自ら岩倉邸に出かけるが、今日の会議では、あなたの一身上に関係のあることだから、あなたは欠席された方がよいと言う。これも西郷を切り離しておいて、征韓派を切り崩そうという魂胆である。むろん西郷は欠席することを拒否した。

この日の会議では、両派から激しい意見が出たが、結論は持ち越しとなった。

大久保も初めて公の場で発言した。内容は従前と同じで、今は内治に専念して富国強兵を推し進めるべきである。戦争になる恐れのあることは絶対に避けるべきであると主張した。西郷との間にも激しい議論の応酬があった。

議論はなかなかかみ合わず、三条議長が、

「議論が熱しすぎてきたようどすから、今日は散会して、明日またお集まり願いましょう」

と言って終わった。

翌日（十月十五日）、また会議が開かれたが、西郷は昨日全部申したから出席の必要はないと言って欠席した。

会議は双方ともに激しく論じ立てて、全然妥協点に達しない。

三条と岩倉は困り果てた。

何よりも気になるのは、意見が容れられないなら辞職すると言った西郷の言葉である。西郷には天下の輿望《よぼう》が集まっている。西郷が辞職したら、中央政府はどうなるかわからない。

二人は参議を退席させて相談をした結果、西郷を辞職させるわけにはいかんから、この際、西郷の議に従うよりほかはないということになり、参議らを呼び入れて、三条がこのことを告げた。

征韓派の参議は、大喜びした。反対派も、そう決まったのなら仕方ないと不承不承ながら了承した。

ただ一人、大久保だけが言った。

「拙者一人が異議を申し立てても致し方ないことですが、拙者はあくまでも反対でありますから、今日限り参議も、他の職も、一切辞めます。辞表は後でお届けします」

言い終わると、一礼して立ち去った。

閉会の後、岩倉は馬車を大久保の屋敷に走らせ、辞職を撤回するよう懇願したが、大久保はきかない。

「拙者は参議就任に先立ち念を押したはずです。それに背かれた以上、もはや、拙者は公のことを共にすることはできません」

と言われ、岩倉は悄然《しょうぜん》として帰って行った。

大久保は、翌早朝、自ら三条家に出向いて辞表を提出した。

三条は周章狼狽《ろうばい》して、目も当てられない状態であった。

この日（十六日）、西郷は太政官に出た。昨日の会議で自らの議が容れられたからである。同志の参議も続々登院してきた。ところが、非征韓派は一人も出てこない。岩倉も出てこない。

三条は会議延期を提議したが、西郷が怒った。

「何度決議しても延期、延期とそんな馬鹿な闇議がどこにあるか。手続きはもう済んでいる。すぐ上奏を願う」

と言ったが、三条は弱り切って、

「重大な奏聞は、太政大臣、左右大臣、参議全体が集まって確定したということにせねばならない。どうか、もう一日待ってほしい」と哀願した。西郷は承知しなかったが、後藤象二郎のとりなしもあって、一日待つことになった。

会議の席でも西郷は、自らを大使として朝鮮に派遣することが、いかに重要であるかを三条に念を押すように話したが、帰宅してから自分の決心のほどを手紙に書いて、三条家に届けさせた。

三条は、その手紙を持って岩倉邸に行ったが、岩倉は大久保の強硬な抗議で初念を呼びさまされて、気持ちは立ち直っていた。あくまで自分は反対であると言った。

三条はひどい心痛を感じながら帰宅した。もう深夜であったが、車を迎えにやって西郷を呼んで、岩倉の意見を話して翻意するよう懇請した。

むろん西郷は拒絶した。

「昼間の通りにしていただきもそ」

と言明して、さらに自説を切々と説いた。

夜の白む頃、三条は西郷を送り出した。その後、突然に卒倒して、人事不肖になった。容態ははなはだ重かった。宮中からも侍医が差し遣わされ、参議らも駆けつけた。

三条の発病のタイミングがあまりにもいいので、仮病ではないかと征韓派の人々は疑ったが、そうではなかったようである。小心で気弱な三条は、この頃の激しい心労に耐えられなかったのである。

三条の病気は、反征韓派にとってはまたとない幸運であった。岩倉が三条の代理となって太政大臣の職務を執行することになったのである。征韓派としては形勢が逆転したと受け止めた。

二十二日、彼らは打ちそろって、岩倉邸に出向いた。

西郷が、まず発言する。

「三条公の病気によって延期になっていますが、すでに閣議で決定しているのでごわす。公が三条公の代理となられた以上、至急上奏なさるべきでごわす。お願いしもす」

この後の岩倉の発言であるが、なんとも支離滅裂のことや、強引暴慢なことを言ったりする。えっ、これが、あの岩倉具視の発言か、と疑うような感がある。以下、できるだけ具体的な表現で記述する。


「各々のよくお知りの通り、まろの意見はあなた方とまるで反対どす。反対の意見を上奏することはできまへんな。仮に上奏するにしても、もう一っぺん審議して、それからのことどすな」

へらへらと公家ことばながら、人を食った話である。みんなこの発言に緊張した。

江藤が岩倉に問いかける。

「公は確か三条公のご代理でありましょうな」

「そうどす」

「とすれば、公の今のおことばはよくありません。代理の職分は被代理者の意思をそのままに行うべきです。……公は三条公のなさらんとされたことをそのまま執り行うべきです」

岩倉は少し窮したが、すぐ切り返した、

「それは理屈どす。人が違えば意見も違う。まろはたとえ代理にせよ、輔弼《ほひつ》の任にあたる以上、あらんかぎりの力尽くさななりません。上御一人《かみごいちにん》に対するつとめどす」

江藤は腹を立てた。

「顧みて他を言い、非を理にいいくるめんとなさるのか！」

岩倉はふてぶてしく居直る。

「何とでも仰《お》っしゃるがよい。まろは、まろの目の黒い間は、あんた方の意見を通させませんぞ」

江藤の怒りは頂点に達した。

「暴慢しごく、公は参議を何と心得ておられるのか！」

と、睨みつけた。

西郷が言った。

「岩倉公！　公は今上御一人と仰っしゃったが、すでに閣議によって決定し、ご裁可もいただいていることを、さように申されるのは、聖意を無視することになりはしませんか」

「まろは再議してもらいます。念には念を入れる。それが太政大臣のしごとどす」

岩倉の言葉が終わるか終わらないうちに、西郷は立ち上がった。

「わしはもう何も申さん。公の好きになさるがようごわす。わしはこれでご免こうむります」と言うなり、部屋を出て行こうとした。板垣と副島が引き止めようとしたが、

「もう、いやでごわす」と、強い語調で言って、留めるのを振り切って、出て行った。

仕方なく、板垣らもあとにつづいた。皆黙々と歩いていくが、岩倉邸の門を出る時、西郷は一同をふりかえった。微笑しながら言った。

「右大臣な、よくふんばりもしたなぁ。あっぱれでごわした」

かくて、征韓派は惨敗し、征韓論は崩壊した。

征韓論をできるだけ詳しく記述したいと思い、予定以上の紙数を使ったが、この征韓論の政争の中には大きな事変が含まれている。

一つは、兄弟でも羨むような親愛な友情で結ばれ、共に力を合わせて幕末と維新を乗り越えてきた西郷と大久保が、この征韓論の争いで離反し、敵味方に分かれて争ったことである。大久保は、当初西郷との正面からの対決を避けようとしたのであるが、岩倉の強い懇請もあって参議に就任したため、西郷と決定的な対決をせざるを得なくなった。

そして、この一連の争いの中で、西郷を棄て国家をとるという峻烈な選択をする。さらに国家の発展、安寧のためには、西郷を中央政府から追い出さねばならないという強い非情な信念を持つようになった。

今一つは、この征韓論の崩壊によって、西郷の政治生命も終焉《しゅうえん》したということである。西郷は征韓論是非の論争に敗れた後、参議と近衛都督を辞して郷里の鹿児島に帰っていくが、西郷が去った後、大久保の独裁政治が始まる。西郷は明治十年に西南の役を起こし政府軍と戦い敗れる。これらのことは後に述べるが、この時、大久保は西郷のために全く動こうとしなかった。

征韓論の争いに敗れて朝鮮派遣が没になり、西郷は、十月二十四日、参議と近衛都督を辞したことはすでに述べたが、次いで二十五日、副島、後藤、板垣、江藤の四参議が辞職した。

西郷らが下野したため、政府の中心は大久保が掌握することになった。

大久保は十一月十日、念願の内務省を創設し、警察権と地方行政の全権をここに集結させた。

これら一連のことが「明治六年の政変」といわれるものであるが、この政変で最も大きな影響を受けたのは、江藤参議が率いる司法省であった。

司法省では長州系の大物の腐敗汚職を追及し、その核心に迫りつつあったが、西郷や江藤自身の下野でウヤムヤになってしまった。警察権も前述のごとく内務省に奪われた。

大久保利通の専制時代が始まる。

大久保は、このあと明治十一年に暗殺されるまで絶対主義的権力者として、大いに腕を振るうことになる。

台湾出兵・江華島事件

前年の大分裂で下野した六参議のうち、板垣退助、後藤象二郎、副島種臣、江藤新平の四人は、同じく野にあった由利公正、岡本健三郎らと連名で、明治七年（一八七四年）一月十七日、民選議員設立建白書を左院に提出した。

これは、今の政権が官僚のみによって握られている。これを改めて広く天下の公議（民選）によって進められるようにしなければならないという趣旨のものであった。

ところが、下野参議の一人、肥前藩出身の江藤新平が郷里に帰ると、士族反乱の首領としての期待が待ち受けていた。

江藤は、当初これを鎮静させようとしたが、どうにもならず首領に担ぎ上げられてしまった。

もともと、佐賀には島義勇《よしたけ》が率いる攘夷主義の憂国党と江藤に近い征韓党があったが、これが前年、接近し、今にも反政府暴動を起こしそうな気配になっていた。

同年二月十六日、総勢二五〇〇人の武装勢力が佐賀城を攻略し、県令・岩村高俊を敗走させた。

だが、江藤らの期待に反して薩摩や土佐が呼応しなかったため、鎮圧態勢を整えてやって来た政府軍に圧倒され窮地に陥った。

二月二十三日、江藤はひそかに佐賀を脱出、鹿児島に行き、さらに高知に回ったが相手にされず、三月二十九日に土佐と阿波の境で逮捕された。

佐賀に連れ戻された江藤は、大久保利通内務卿の権限で開かれた臨時裁判所の判決で梟首《きょうしゅ》刑に処せられた。


前年の明治六年に、森有礼《ありのり》が学術の研究と普及のために結社をつくることを西村茂樹に相談していたが、その年（明治六年）、「明六社制規」が制定され「明六社」が発足した。

社長は森有礼で、社員に加藤弘之、杉亭二、津田真道《まみち》、中村正直、西周《にしあまね》、西村茂樹、福沢諭吉、[*1]箕作麟祥《みつくりりんしょう》らが参加した。政治・国家・婦人・教育・自然科学・宗教・思想・哲学・経済・法律・風俗などあらゆる分野で論陣をはり、文明開化政策を支持・推進した。


政府は、明治四年に起こった琉球人殺害事件を理由に台湾出兵を閣議決定した。

先述したように、清国から「台湾は化外《けがい》（中国文化の及ばぬ支配領域の外）の民だ」という言質を得ていた。ならば、我らに懲戒権があるとの強引な解釈を主張したが、真相はどこかに出兵しないと日本国内の不平士族が収まらないという事情があった。

四月四日に陸軍中将・西郷従道が台湾蕃地事務都督に任命され、四月九日に東京を出発して長崎に向かった。

従道は、鹿児島に引っ込んでいる兄の隆盛に士族兵の派遣を求めると、隆盛は三〇〇人の部隊を結成して長崎に送り込んできた。

西郷従道が東京を出発した直後、イギリス公使パークスが、局外中立を宣言し、これにアメリカ公使ビンカムが同調したので、アメリカの援助を当てにしていた計画は崩れ四月十九日、政府は出兵中止を決定した。

しかし、長崎の西郷従道は強硬に出兵を主張して譲らず、佐賀の乱の鎮定後、東京に帰ってきていた大久保利通が驚いて再び西下したが、彼が長崎に着いたときには、軍隊の大部分は出発してしまっていた。

台湾での牡丹社（当面の敵）攻撃は、軍事的には簡単であった。何せ、三六〇〇人の大軍を差し向けたのである。しかしマラリヤによる病死者が続出した。戦死者二十九人に対し病死者は五六一人を数えた。

アメリカに代わって軍隊の輸送を担当したのが三菱会社で、政府は購入した汽船をすべて無料で三菱に貸与し、しかも運賃は請求通りに支払った。これは、後年の三菱財閥の基礎を築く上で大いに貢献した。

九月十日、北京に入った大久保利通参議兼内務卿は、すぐさま清国総理衙門《がもん》と交渉を始めた。日本側の要求は、清国がこの出兵の正統性を承認し、出兵の費用を負担するということであった。交渉は難航したが駐清英国公使ウェードが中に入り、妥協が成立した。

清国は五十万円の償金を出すことになったが、これは日本が使った金の十分の一にも満たなかった。だがこれで面目は辛うじて立ち、台湾に駐屯していた軍隊は十二月三日、撤兵を開始した。

この年、民選議院設立建白に署名をした一人である板垣退助が、郷里の土佐で「立志社」を興した。これは国民の一人一人が権利を自覚し、自主独立の気風を身につけるよう勉励する学校で、最終的には天下の民会（民主議会）を設立して、国家の安定発展を図ることを目的としたものであった。社長には、戊辰戦争の時の板垣の部下でイギリスに留学していた片岡健吉が就任した。

同じ頃、建白署名人の一人、小室信夫も郷里徳島で「自助社」（思想政治団体）を設立した。このような動きは全国に広がっていく。


明治六年の征韓論の論争による政府内の大分裂以来、大久保の専制体制が続いているが、その孤立化を懸念した井上馨と伊藤博文が斡旋を重ねた結果、明治八年二月十一日、大久保と前参議の木戸・板垣の会談が大阪で実現した。

会議では立憲政体への移行を図るということを条件として明治八年三月八日に木戸が、

また十二日には板垣が参議に就任した。

だが、板垣は政策への異論が多いため長続きせず、左大臣・島津久光と共に免官となった。

板垣が島津久光と同時に免官になったのは偶然であって、久光は十月十九日に太政大臣三条実美を弾劾する上表を提出、却下されたのが理由であり、板垣はあくまでも、自己が持つ自由民権思想との差異による辞任である。


この年（明治八年）、樺太・千島交換条約が調印されている。

これは、海軍中将榎本武揚が特命全権公使としてロシアに派遣され、五月七日にペテルブルグで調印したものである。日本は樺太に持っていた権利を放棄し、代わりに北千島列島を手に入れたことになる。批准書交換は八月二十二日に行われた。

現在、北方四島返還問題が日ロ間で続いているが、ロシアはこの歴史的事実を、どう認識しているのだろうか。


大阪会議の妥協策（話し合い）に基づき、四月十四日、漸次に立憲政体を立てるという趣旨の詔書が出された。

元老院を設けて立法府とし、大審院を置いて司法の権を固め、地方官会議を招集して、民情を知り公益を図り、国家立憲の政体を築こうというものである。

これにより、四月二十五日、元老院の職制・事務手順が定められ、五月二十四日に大審院と各級裁判所の職制・事務手順が定められた。

元老院の開院式は七月五日、地方官会議は六月二十日に開催された。

これは近代法治国家への大きな一歩前進であるが、同じこの年、とてつもない条例が発布された。

政府は、反政府運動を取り締まるため六月八日に「讒謗律《ざんぼうりつ》」と「新聞紙条例」を発布した。

「讒謗」とは、「ひとの悪口を言う」というほどの意味である。

「讒謗律」は、官吏の公私生活に対する一切の批判を許さない、という全くもって乱暴傲慢なものであり、また「新聞紙条例」は社主および編集人を届けさせて、反政府的論議には発行の停止だけでなく、責任者には体罰を科することまで規定している。

我々の現代社会では、このような条例が発布されることはあり得ないが、この時代の根底にはまだなお官尊民卑の性根が強く残っていたことの表れであろう。

このような条例を定めたことは、後の世に大きな禍根を残すことになる。

政府は、これだけでは飽きたらず、九月三日に出版条例を改定し、出版物は事前に内務省に届け出て検閲を受けなければならないと定めた。

この一連の取締強化で、東京曙新聞の末広鉄腸など投獄される者が続出した。

この年の九月に江華島事件が起きた。

外務省から釜山近郊の草梁倭館に派遣されていた広津弘信が帰国して、

「今朝鮮は、日本の征韓論で動揺しているので、軍艦一、二隻を朝鮮近海に送って示威するのがよい」と献策した。

政府は、この策を容れて、五月には軍艦春日など三隻を派遣し、釜山港内で示威演習などを行った。

次いで九月、長崎を出帆した軍艦雲揚が航路調査のため朝鮮西海岸の江華島付近にいたところ、朝鮮砲台から砲撃を受けたのでこれに応戦し、朝鮮側に大きな損害を与えた。

雲揚号艦長の井上良馨《よしか》海軍少佐の報告によると、同艦は淡水を求めて漢江の支流を遡航し、さらに井上艦長みずから短艇を降ろして水路を研究していたというが、紛争を求めて相手を挑発した疑いが濃厚である。

この事件を、日本による悪質な挑発だと憤慨したのは、意外にも征韓論の筆頭主張人であった西郷隆盛であった。

西郷はこの事件を聞いて、同志の篠原国幹に手紙を書いて曰く、

「相手に通告もなしに測量し、砲撃を受けたからといって、直ちに応戦したのは筋が通ら

ない。彼を蔑視し、道を尽くさず弱を侮ったものだ」

と雲揚丸の行動を激しく非難した。

勝海舟は、後年、この手紙を引き合いに出して、西郷隆盛が征韓論の張本人だというのは、いかにひどい誤りであるかを語っている。

だが、事態は西郷が憂慮した通りに展開する。この事件の報告を受けた政府は朝鮮に賠償を求め、これを契機に修好条規を締結すると主張した。

しかし、この方針も、すんなり決まったわけではない。閣内で議論の最中、左大臣・島津久光、参議・板垣退助の免官があり、十二月九日に至って薩摩出身の黒田清隆[*2]全権弁理大臣、続いて十二月二十七日に長州の井上馨が副弁理大臣に任命された。この二人が軍艦を率いて朝鮮に赴き、翌明治九年二月、日朝修好条規（江華島条約）を締結した。

鎖国の日本を開国させたペリーのひそみにならい、小艦隊を率いて相手に脅威を与えるやり方など、欧米が日本に対してとったやり口を真似たものである。日本は、もうこのようなことをやれるほど強国になったのだろうか。

（＊1）福沢諭吉：天保五年（一八三五年）十二月十二日、摂津国大坂堂島新地五丁目（現・大阪市福島区福島一丁目）にあった豊前国中津藩の蔵屋敷で下級藩士・福沢百助の次男として生まれる。慶應義塾（旧蘭学塾、現在の慶應義塾大学およびその系列校）の創設者。

商法講習所（のちの一橋大学）、神戸商業講習所（のちの神戸商業高校）、北里柴三郎の伝染病研究所（現・東京大学医科学研究所）などの創設にも尽力した。ほかに東京学士会院（現・日本学士院）初代会長を務めた。そうした業績を基に「明治六代教育家」に顕彰される。明治三十四年（一九〇一年）二月三日没。

（＊2）黒田清隆：天保十一年（一八四〇年）十月十六日生まれ。薩摩藩士。幕末、薩長連合に寄与。戊辰戦争では、五稜郭の戦いで官軍を指揮し、戦後は敵将・榎本武揚の助命に奔走した。維新後は開拓次官、同長官として北海道経営にあたり、札幌農学校の設立、屯田兵制度の導入を行った。明治九年、特命全権大使として日朝修好条規を締結。明治十四年の政変で開拓長官を辞任した。

第一次伊藤内閣で農商務相を務めたのち首相となり、大日本帝国憲法の発布式典に関わった。その後、枢密顧問官、枢密院議長等を歴任した。酒乱の気があり、妻を撲殺したといわれる。

士族の反乱が各地で頻発

明治九年（一八七六年）二月二十六日に黒田清隆弁理大臣と井上馨が朝鮮に赴き、日朝修好条規に調印したことは前述した。

その批准書交換は、この年三月二十二日に行われた。五月には、朝鮮国修信使・礼曹参議金錡秀が来日した。

次いで日本政府は六月、外務大臣大丞・宮本小一を理事官とする三十七名の代表団を派遣して修好条規付録と通商章程の交渉に入り、八月二十四日に調印した。

このとき交換された文書の中に、輸出入税を無税とするという文言があり、これが条約同様の効果があるため、朝鮮は関税自主権を失うことになった。

この年の三月三十一日、大蔵省は三井銀行設立認可を東京府に指令した。その規模は、資本金二〇〇万円、営業店三十一、総長・三井八郎右衛門、総長代理は三野村利左衛門であった。次いで七月二十九日、三井物産の設立が許可された。

政府は三月二十八日、大礼服着用および軍人、警察官、官吏の制服着用の場合を除いて帯刀を禁止した。

去る明治四年に散髪脱刀勝手次第の政令が出て、脱刀が奨励されたが強制ではなかった。今回は、士族といえども刀を帯びてはならないと全面的に禁じたわけである。これが引き金となって十月二十四日、熊本で神風連の乱が起こる。

熊本では、一月に熊本洋学校の生徒らが教師ジェーンズの影響でキリスト教に接近し、同月三十日に花岡山で奉教趣意書に集団署名をした。そののち迫害を受けたメンバーの多くは、九月九日に京都の同志社に入学するという事変があった（熊本バンドの結成）。

その同じ熊本で、十月に神風連の乱が起こった。神風連は太田黒伴雄を中心とする熱狂的な敬神攘夷の士族集団で、明治維新以来の政府の方針に徹底的に反対し続けていた。

神風連が反乱を起こす引き金となったのは前述のように三月の廃刀令である。これによって士族の特権が侵されることを憤った一党は、神意による蜂起の日取りを決め、十月二十四日、二〇〇人が熊本鎮台などを襲った。

不意打ちの蜂起は成功したかに見えたが、鎮台兵が態勢を立て直し反撃に転じると、刀と槍の神風連は鉄砲の敵ではなかった。一夜明けた十月二十五日、あっさり鎮圧されてしまった。

ところが、士族の乱は、これだけでは収まらなかった。

ただちに、福岡県の秋月に飛び火した。旧秋月藩士・宮崎車之助らが四〇〇人の同志を結集して十月二十七日に立ち上がった。

鎮台兵が出動すると、彼らは豊前の豊津に走って、同地の士族に共に戦うことを求めたが、誰も動こうとはせず、小倉の鎮台兵のために鎮圧されてしまった。

ほぼ同じ頃、同月二十八日に、今度は萩の士族が反乱を起こした。

この乱の頭領は前原一誠である。前原は吉田松陰門下であるが、誠実な人柄は門人中第一であると師の松陰も認めていた。

彼は明治維新後、中央に出て兵部大輔や参議の要職に就いたが、越後府知事のとき、水害に苦しむ人民に同情して独断で租税を減じ、それがもとで中央政府と摩擦が生じ、長州出身の木戸孝允とも対立。明治三年九月に一切の官職を辞し帰郷したが、萩の不満士族の頭領に担ぎ上げられてしまった。

萩の乱は、前原が大物だけに大がかりの戦争になった。

政府は、大阪の鎮台や軍艦まで動員するほどであった。

前原の軍も、島根の方へ退くかと思えば、政府軍の隙をみて萩に反撃を加えるなどよく戦ったが、政府の総攻撃にはかなわず、十一月四日に殲滅された。

前原は捉えられ、十二月三日に刑死した。

ついに西南戦争が勃発

ついに西郷隆盛が立ち上がった。

この時期、日本の何カ所かで旧士族を中心とした反乱が起こったが、西郷が起こした西南戦争は、一つ間違えば生まれてわずかな年数しか経っていない新国家を転覆させかねない大事件であった。

さて、どうしてこの時期に、西郷がこのような反乱を起こしたのだろうか。

何度、こうでもない、いやこういうことか、と考えてみてもなかなか答えが出てこない。この反乱の原因・理由はいくつか考えられるが、本当のことは西郷自身に聞いてみないとわからないのではないか。

そのことは、後ほどよく考えてみるとして、まずこの西南戦争と言われる反乱がどのようなものであったか、その発端と経緯を辿ってみたい。

西郷は、明治十年（一八七七年）の年初の頃は、郷里鹿児島に帰っていた。

だが、この時期に私学校[*1]の生徒が火薬庫を襲うなど夢にも思わず、大隅半島の小根占《こねじめ》で狩猟をしていた。

だが、政府は鹿児島県士族の反乱は間近であると見て、一月二十八日には山縣有朋の名で熊本鎮台に電報で警戒命令を出していた。

ところが、二十九日に陸軍の草牟田火薬庫にある火薬・弾薬を通常は危険なために公示した上に標識を付けて白昼に運び出すのが慣例であったのが、どういう訳か公示も標識もなしに夜中に運び出され赤龍丸に移された。

これが、私学校の生徒を触発させ、彼らがその火薬庫を襲った。

二月一日、西郷の四弟・小兵衛が小根占の西郷のところへ私学校幹部の使者としてやって来て、谷口登太から西郷刺殺のために中原尚雄が帰郷したと聞き込んだこと、私学校生徒による火薬庫襲撃が起きたことなどを告げた。

これを聞いて西郷が鹿児島へ帰ると、身辺警護に駆けつける人数がどんどん増えて行った。

三日に中原が捕らえられ、四日に拷問によって自供すると、六日に私学校本校で大評議が開かれ、政府問責（尋問）のために大軍を率いて上京することに決し、翌七日に県令・大山綱良[*2]に上京の決意を告げた。

このように騒然となっていた九日、川村純義が高尾丸で西郷に会いに来たが、西郷は会おうとしたが、会えなかった。

同日、巡査たちとは別に、大久保が派遣した野村綱が県庁に自首してきた。西郷はその自白内容から、大久保も刺殺に同意していると考えるようになった。

西郷は、この時点で立ち上がろうと決心したと思える。しかし、それは新政府と真っ向から戦うのではなくて、「尋問の筋」があるから兵を率いて上京するというものであった。

だが、ここがよくわからない。尋問したいことがあるだけなら、西郷ほどの人物なら、堂々と少数の部下を従えて上京すればいいのではないか。

大久保利通であろうが、他の政府要人の誰であろうが会えたに違いない。だが、大軍を率いて上京するという。これは、西郷自身の意思で決めたことなのだろうか。

編成された大部隊は、左記のように大変な規模のものである。

まず、一番大隊指揮長に篠原国幹、二番大隊指揮長に村田新八、三番大隊指揮長は永山弥一郎、四番大隊指揮長は桐野利秋、五番大隊指揮長は池上四郎が選任された。桐野利秋が総司令を兼ねることになった。

しかし、これは誰が決めたのか。私学校本校の大評議で決まったのか。どうも、そうは思えない。いずれにしても、このような大隊編成は西郷の知らぬところで、どんどん決まっていったのではなかろうか。

大隊の命令権、意思伝達も明確になっていなかったのではないか。

桐野利秋が総司令を兼ねると決まったが、彼の一存ですべてを決めることができたのか、そこには西郷の意思が入る余地があったのか。

どうも実体がよくわからない。これが、戦闘が始まってから随所に不統一を起こす要因となったように思える。

大隊編成は、このほかに淵辺群平が本営付護衛隊長となり、狙撃隊を率いて西郷を護衛することになった。

翌十四日、私学校本校横の練兵場で西郷による正規大隊の閲兵式が行われた。

十五日、西郷軍の一番大隊が鹿児島から出発した。

十七日には西郷も鹿児島を出発し、加治木、人吉を経て熊本に向かった。

西南戦争が始まった。

二月二十日、加治木で別動隊（二大隊）を組織していた別府晋介が一番に川尻に到着し、熊本鎮台の偵察隊と衝突した。これを追いながら熊本まで進出した。

相次いで熊本に到着した薩軍の大隊は熊本城を包囲し戦闘態勢に入った。

二十二日早朝から熊本城に対し総攻撃を開始する。

昼過ぎ、西郷も世継宮に到着した。

この頃、政府軍の一部が植木方面に進出したという情報が入ったので、午後三時頃、村田三介・伊藤直二の小隊が植木に派遣されたが、この隊の岩切正九郎という人物が乃木希《まれ》典《すけ》率いる第四連隊の軍旗を分捕ったという逸話が残っている。その話は、今は脇に置いておく。

総攻撃を加えた熊本城がなかなか堅城で、そう簡単には落ちそうにないとわかってきた。夜に入って本営を本荘に移し、軍議を始めたが、もたもたして結論が出ない。

その間、政府軍の正規旅団が本格的に南下を始めた。

軍議ではいったんは篠原らの主張する全軍攻城策に決したが、のちの再軍議では熊本城は長期に包囲し、一部は小倉を電撃すべしと決し、翌二十三日には池上四郎が数個小隊を率いて出発した。

どうも、軍の戦略が右往左往しているような感がある。

この池上四郎が率いた数個の小隊も、南下してきた政府軍と田原・高瀬・植木などで衝突し、電撃作戦は失敗した。

この作戦も、よく考えてみればおかしなところがある。

小倉に進撃するということは、本隊を本州に進軍させる道を開く意図があったとみられるが、そうであればもっと本格的に大部隊を派遣するべきではなかったろうか。

中途半端な形で戦闘は続く。

薩軍は、南下してくる政府軍、またこれから上陸してくる政府軍、これと熊本鎮台の軍に対処するため、熊本城攻囲は池上に任せ、永山弥一郎に海岸線を押さえさせ、篠原国幹（六個小隊）は田原に、村田新八・別府晋介（五個小隊）は木留に、桐野利秋（三個小隊）は山鹿に分かれ、政府軍を挟撃して高瀬を占領する作戦に出たが、いずれも勝敗を決することができず、戦線は膠着状態になった。


三月一日から始まった田原坂《たばるざか》の戦い（田原坂・吉次峠）は、この戦争の分水嶺になった戦いである。篠原国幹ら勇猛の士が次々と戦死した。

このような犠牲を払って守っていた田原坂であったが、二十日には劣勢如何《いかん》ともしがたく、政府軍に奪われた。

この戦いに敗れた原因は、いくつかあるが、その主なものは、砲・小銃が旧式で、しかも不足していたこと、さらに火薬・弾丸・砲弾の圧倒的な不足と、食料など輜重《しちょう》の不足が挙げられる。これらは西南戦争を通じて、どこでも薩軍が持っていた弱点である。

が、ある面無理もないかもしれない。薩摩藩は、こんなに早く戦争になるとは考えていなかったに違いない。

それと、政府軍の鎮台兵の強さである。これは、薩軍の想像をはるかに超えるものであった。

薩軍は、田原方面から撤退を始める。

その後、部隊を再編制している間に、上陸した政府の背面軍に敗れた永山弥一郎が御船で自焚《じふん》・自刃し、四月八日には池上四郎が安政橋口で敗れて、政府背面軍と鎮台兵の連絡を許すと、薩軍は腹背に敵を受けることになった。

やむを得ず、十四日、熊本城の包囲を解いて木山に退却した。

この間、本営は本荘から三月十六日に二本木に、四月十三日に木山に、四月二十一日に矢部浜町に移され、西郷もそれとほぼ同じように移動したが、戦闘を直接に指揮していた様子はない。

薩摩・大隅・日向の三州に勢力を治めることを決めた四月十五日の軍議に出席していた以外、目立った動きの記録はない。

薩軍は、浜町で大隊を中隊に編成し直し、椎葉越えして新たな根拠地と定めた人吉に移動した。

四月二十七日、桐野利秋が江代に着くと、翌二十八日には軍議が開かれ、各隊の部署を定め、各地に配備した。

これ以来、人吉に本営を設け、ここを中心に政府軍と対峙していたが、多寡の差には勝てず、徐々に政府軍に押され人吉も危なくなってきた。

そこで、本営を宮崎に移すことにした。

西郷は池上四郎に護衛され、五月三十一日、新たな軍務所（元宮崎支庁舎）に着いた。ここが新たな本営となった。

この軍務所で、桐野の指示により、薩軍の財政を立て直すため大量の軍票（西郷札）がつくられた。


人吉に残った村田新八は、六月十七日、小林に拠り、振武隊、破竹隊、行進隊、佐土原隊の約千名を指揮し、一カ月近く政府軍と川内川を挟んで小規模な戦いを繰り返した。

七月十日、政府軍が加久藤、飯野に全面攻撃を加えてきたので、支えようとしたが支えきれず、高原麓、野尻方面に退却した。

これで小林方面も、政府軍の手に陥ちた。

十七日と二十一日の両日に、堀与八郎が延岡方面にいた薩兵約一〇〇〇名を率いて高原麓を奪い返すために激しく戦ったが、これも勝てず庄内、谷頭に退却した。

村田は、都城で政府軍六個旅団と戦ったが、兵力の差は如何《いかん》ともしがたく、これも敗退して宮崎へ退いた。

政府軍は、強い！

三十一日、桐野、村田らは薩軍を指揮して宮崎で戦ったが、再び敗れ、広瀬、佐土原に退いた。八月一日、薩軍は佐土原でも敗れ、政府軍は宮崎を占領した。

宮崎から退却した西郷は、二日、延岡大貫村に着き、ここに九日まで滞在した。二日に高鍋が陥落し、三日から美々津の戦いが始まった。

この時、桐野利秋は平岩に、村田新八は富高新町に、池上四郎は延岡にいて諸軍を指揮したが、四日、五日に共に敗れた。

六日、西郷は教書を出し、薩軍を勉励した。

七日、池上の指示で火薬製作所・病院を熊田に移し、ここを本営とした。

西郷は十日から本小路・無鹿・長井村笹首と移動し、十四日に長井村可愛《えの》に到着し、以後ここに滞在した。

その間、十二日、山縣有朋が政府軍の延岡攻撃を部署した。

同日、桐野・村田・池上は長井村から来て延岡進撃を指揮し戦ったが、別働第二旅団、第三旅団、第四旅団、新撰旅団、第一旅団に敗れたので、延岡を総退却し、和田峠に依った。

八月十五日、薩軍は和田峠を中心に布陣し、政府軍に対し西南戦争最後というべき大戦を挑んだ。

早朝、西郷が初めて陣頭に立ち、自ら桐野、村田、池上、別府ら諸将を従えて和田峠頂上で指揮を執ったが、大敗し、延岡の回復はならず、長井村へ退いた。

これを追って政府軍は長井包囲網をつくった。

十六日、西郷はついに解軍の令を出し、書類・陸軍大将の軍服を焼いた。

このあと、負傷者が増え、諸隊の降伏が相次いだ。

残兵と共に三田井まで脱出してから、十七日夜十時、長井村を発し可愛岳《えのだけ》に登り、包囲網からの脱出を試みた。

突破軍は精鋭五〇〇名ほどで、前軍は河野圭一郎、辺見十郎太、中軍は桐野・村田、後軍は中島健彦・貴島清が率い、池上と別府が約六十名で西郷隆盛を護衛し、包囲網の突破に成功した後、宮崎・鹿児島の山岳部を十日余りかけて鹿児島へ戻った。

九月に入って鹿児島に戻ってきた薩軍は、城山を占拠し、鹿児島城下の大半を制したが、上陸してきた政府軍が三日には城下全域をほぼ支配下に収め、城山包囲態勢を執った。十九日に山野田一輔・河野圭一郎が軍使として川村純義のもとに派遣されたが、捕らえられた。

二十二日、西郷は城山決死の檄《げき》を発した。

二十三日、西郷は山野田が持ち帰った川村からの返事を聞き、また参軍・山縣有朋からの自決を勧める書簡も読んだが、返事を出さなかった。


九月二十四日、午前四時、政府軍が城山に総攻撃を開始した。

西郷と桐野利秋、桂久武、村田新八、池上四郎、別府晋介、辺見十郎太ら将士四十余人が洞前（洞窟前か）に整列した後、岩崎口に進撃した。

桂久武が被弾して倒れた後、被弾で倒れるものが多く出た。

西郷も股と腹に被弾した。

西郷は別府晋介を顧みて、

「晋どん、晋どん、もう、ここらでよか」と言った。

将士が跪《ひざまず》いて見守る中、西郷は襟を正し、跪いたまま、遥かに東に向かって拝礼した。

拝礼が終わると、別府が、

「おめんなったもんし（お許しください）」と叫んで西郷の首を刎ねた。西郷享年五十一（満四十九歳没）。

西郷の首は獲られるのを恐れ、折田正助邸門前に埋められた。

西郷の死を見届けた後、残余の将士は岩崎口に進撃を続け、私学校の一角にあった塁に籠もって戦ったが、自刃し、差し違え、あるいは擲弾《てきだん》をうけて戦死した。

午前九時、城山の戦いが終わると大雨が降った。雨が上がった後、浄光明寺跡で山縣有朋と旅団長立ち会いのもとで検屍が行われた。

西郷の遺体は毛布に包まれ、木櫃に入れられ浄光明寺跡に埋葬された。

この時は仮埋葬であったために墓石ではなく木標が立てられた。木標の姓名は県令・岩村通俊が記した。

明治十二年（一八七九年）、浄光明寺跡の仮埋葬墓から南洲墓地のほぼ現在の位置に移され、改葬された。

また、西郷の首も戦後に発見され、総指揮を執った山縣有朋の検分ののちに手厚く葬られた。

明治十年（一八七七年）二月二十五日に「行在所達第四号」で官位を褫奪《ちだつ》され、死後、賊軍の将として遇された。

大久保利通は、この戦いに全く関与することはなかった。


（＊1）私学校：明治六年に下野した西郷は十一月十日、鹿児島に帰り、以来大半を武村の自宅で過ごしていた。西郷の下野に同調した軍人・警吏が相次いで帰省し、明治六年以来、鹿児島県下は無職の血気盛んな壮年者がのさばり、それに影響された若者であふれる状態になった。そこで、これを指導し統御しなければ、壮年・若者が方向を誤るとの考えから、有志者が西郷に諮り、県令・大山綱良の協力を得て、明治七年六月頃に旧厩跡に私学校が作られた。

私学校は篠原国幹が監督する銃隊学校、村田新八が監督する砲隊学校、村田が監督を兼務した幼年学校があり、県で確保した荒蕪地に、桐野利秋が指導し、永山休二、平野正介らが監督する吉野開墾社も作られた。西郷の影響下で私学校は整備され、県下最大の勢力になっていくが、大山綱良もこの力を借りることなしには県政を潤滑に運営できなくなり、私学校党人士を県官や警吏に積極的に採用し、明治八年十一月と翌年の四月には、西郷に依頼して区長や副区長を推薦してもらった。

このようにして、私学校党が県政を牛耳るようになっていく。西南戦争の時には、この私学校党が西郷軍の中核勢力を形成する。

（＊2）大山綱良（大山格之助）：文政八年（一八二五年）十一月六日生まれ。薩摩出身の政治家。西郷隆盛が西南戦争を起こした時、政府県令（県知事）でありながら、西郷隆盛を支援した。

西郷が敗れたあとは、その責任を問われ逮捕され、斬首された。

第四章　西郷逝く・大久保専制の終焉

西郷隆盛の真意

西郷は敗れ、そして逝った。

だが西郷は、何を考え、どのような思案を胸に、この戦いを起こしたのか。西郷が戦いを起こした原因と思われるものは、幾つか考えられる。

だが、果たして、どれが本当の理由なのか。

まず、明治六年（一八七三年）に征韓論の争いで自分の提案が拒否され、それがために下野し、郷里に帰ったことが原因（遠因）ではないかといわれる。

明治六年、西郷が朝鮮との局面打開のために単身朝鮮に派遣大使として行きたいと政府首脳を説き、八月の閣議で派遣が決定したことは前述した。

ただ、この時、実際に派遣するのは岩倉の帰朝を待ってからすると決議され、天皇の裁可を得ている。

岩倉具視がヨーロッパから帰国すると、十月十五日の閣議で西郷派遣が再決定されたが、そのあと岩倉や大久保利通の謀略で覆されてしまった。

激怒した西郷は、十月二十四日、参議と近衛都督を辞職し、郷里の鹿児島に帰ってしまったことも述べた。

西郷が朝鮮に自分を派遣しろと言ったことには二つの説がある。

これも前述したが、一つは、西郷が軍隊を伴わずに裸同然で朝鮮に乗り込めば必ず殺される。それを責めることで本格的な戦争を起こせばよい、という説である。これは西郷自身が同僚参議の板垣宛てにそういう趣旨の手紙を書いているが、これは素直には信じがたい。

今一つは、平和交渉説である。西郷は本気で平和裏に朝鮮と同盟を結ぼうとしていたという説である。

筆者はこの説をとりたい。

第一の戦争引き金説は、西郷が存在意義を失っていく士族を憐れんで彼らの働き場所を見つけてやろうとしたことであるという説であるが、これは、朝鮮問題よりも、このあとの西南戦争との関連で考えるべきであろう。

西南戦争の原因の一つは、大久保利通の専制に対する反発だという説があるが、これも、いかがなものであろうか。

確かに、徳川政権の末期にあれほど二人三脚で倒幕のために絶妙のコンビであった西郷と大久保であったが、明治の新政権では互いに重責を担うようになり、国政（国造り）に対する発想も意見も相違することが出てきたことは確かであるが、それが、あの征韓論の意見の対立で決定的なものになったのは事実である。

西郷を朝鮮に派遣することを大久保も反対した。

だが、基本的な違いは、西郷が理想家肌で物事を大きく考え実行しようとする傾向が強い。大久保は物事を緻密に考える。そして、それを実現するためには何が必要かをじっくり考えて、必要であれば段階的に実行していこうという頭脳を持っている。

ひと言でいえば、西郷は理想家であり革命家であるのに対し、大久保は行政マンで実務家であるといえる。それが、幕末には互いに仕事を分担し、絶妙のコンビとしての力を発揮して維新を成し遂げたのである。

西郷が鹿児島に引き籠もった後（明治六年）、大久保の独裁が始まる。

中央政府から西郷が去ったため、にわかに大久保の存在が大きくなり、国政は大久保が掌握するところとなった。

大久保は十一月十日、念願の内務省を設立し、警察権と地方行政権をここに集中した。

このあと大久保の専制が続くが、明治十年までの四年間、特に西郷を怒らせるようなことはしていない。大久保の専制政治を正すために、西南戦争を起こしたとは考えにくい。

それよりも、この間に起こった不平士族の反乱が大きな問題である。

西郷決起のもう一つの原因は、この一連の不平士族の反乱に関わりがあるという説がある。

まず、佐賀の乱である。

これは前述したが、下野した参議の一人である肥前藩出身の江藤新平が郷里に帰ると、本人の意図とは別に内乱の首領のポストが待っていた。

佐賀には、今にも反政府暴動を起こしそうな気配があった、江藤はこれを鎮静するために帰ってきたのだが、たちまち首領に担ぎ上げられた。

明治七年二月十六日、総勢二五〇〇の軍勢が佐賀城を攻略し、県令岩村高俊を敗走させた。しかし、江藤の期待に反して薩摩や土佐が呼応しなかった。

政府軍が態勢を整えて反撃に転じると、反乱軍はたちまち窮地に陥った。

江藤は、二月二十三日、ひそかに佐賀を脱出し、鹿児島に行き、さらに高知に回ったが、いずれも相手にされず、三月二十九日、土佐と阿波の境で逮捕された。

江藤は逮捕のあと、大久保利通内務卿の権限で開かれた臨時裁判所の判決で梟首刑に処せられた。

このあと、士族の反乱が続く。

明治九年十月には、熊本で神風連の乱が起こった。

これの主力は、太田黒伴雄を中心とする熱狂的な敬神攘夷の士族集団で、明治維新以来、政府の方針に徹底的に反対し続けていた。

神風連が反乱を起こす引き金となったのは、三月に施行された廃刀令である。

これにより士族の特権が侵されることを憤った一党は、神意をうかがって十月二十四日、二〇〇人が熊本鎮台などを襲った。

不意をうたれた鎮台司令官種田政明や熊本県令安岡良亮は、重傷を負って間もなく死亡した。

不意打ちの蜂起は成功したかにみえたが、鎮台兵が態勢を立て直し反撃に転じると、刀と槍の神風連は鉄砲を整えた政府軍の敵ではなかった。


神風連の乱は鎮圧されたが、これがただちに福岡の秋月に飛び火した。

旧秋月藩士・宮崎車之助らが四〇〇人の同志を結集して十月二十七日に立ち上がった。

彼らは豊前の豊津に走って同志の士族に呼応を求めたが、誰も動かず、小倉の鎮台兵のために鎮圧されてしまった。

ところが、今度は、長州・萩の士族が反乱を起こした。

この反乱のことは前述したが、中心人物は前原一誠である。

萩の乱は、前原が中央で活躍した大物だけに、それまでの他の反乱より規模の大きい戦いとなった。政府は、大阪の鎮台や軍艦まで動員した。

前原の軍もいったん島根の方にひくと見せかけては、政府軍の隙を見て反撃に出るなどよく戦ったが、政府軍の総攻撃には耐え切れず、十一月四日に壊滅した。

前原は捕らえられて、翌年二月に処刑された。


西郷隆盛の西南戦争は、この萩の乱のあとに始まる。

鹿児島の私学校の生徒が、明治十年一月三十日、政府側の施設を襲って武器弾薬を奪ったことが戦争の発端である。

この西南戦争の顛末についてはすでに詳しく述べた。


この戦いの西郷の真意は、何なのか、ということである。

やはり、西郷も不平士族の強い期待に耐え切れず、立ち上がった、としか考えられない。

仕方なく、これはやらねばならない、という気持ちで立ち上がったのではないだろうか。

西郷が、自分で言ったのかは定かでないが、西郷が兵を起こした表向きの理由は、「〝政府に尋問の筋〟があるから、兵を率いて東京に行く」となっている。

だが、このことは先述したが、西郷ほどの人物が政府に言いたいことがあれば、ことさら大軍を率いて上京する必要はない。

どう考えても、西郷決起の理由は不満が高まっていた不平士族の強い願望に押されて、仕方なく立ち上がったとしか考えられない。

そう思える節が、幾つかある。

まず、決起を決めて大部隊を編成した時、これに西郷が積極的に関与したということは確認できない。

桐野利秋以下の薩軍幹部に任せたのではないかと思える。

本当にやる気であれば、重要な軍編成の会議に積極的に参加して当然である。

また、政府軍との戦いの中でも、重要なものがいくつかあるが、そのどれにも、自ら積極的に指揮を執ったという形跡がない。

熊本城包囲作戦しかりで、田原坂の戦いにも陣頭指揮を執っていない。

闘いが劣勢になり宮崎から撤退した時、ようやく西郷は教書を出し全軍に鼓舞激励している。だが、その十日後に解軍の令を出し、書類・陸軍大将の軍服を焼いた。

西南戦争の経緯をじっくり見ていて感じることは、西郷には本気で政府軍と戦い、打ち負かす意欲はなかったのではないかということである。

幾つかの地域で不平士族の反乱が起こったことも、薩摩の士族を刺激したことは間違いない。

彼らは、西郷が自分たちのために立ち上がってくれる、そして我々の厳しい日々の生活を何とかしてくれるという強い期待も持っていたに違いない。

西郷は、この悲痛な願望ともいうべき期待に応えざるをえなかったのではないか。

この人たちのために俺の命はくれてやろう、と腹をくくったのだろう。

そして、あの敬愛していた明治天皇に、

「申しわけごはん」

と、胸の中で手を合わせたのではないだろうか。

大久保専制の終焉

西郷は逝った。

日本の歴史上、最も愛されたといわれる明治維新の英雄は逝った。

西郷が明治六年（一八七三年）に「征韓論」で自らの主張が退けられたため、参議・近衛都督を辞し、郷里に帰ったことはすでに述べたが、そのあと大久保利通の専制が続いていた。

明治六年から西郷の西南戦争までの約四年の間に、大久保は何をしたのだろうか。

専制政治を行ったといわれるが、一見さほど大きな政治的改革や社会的変革を行ったという事績はないように思える。

ただし、内務省を創設したことは特筆せねばならない。

西郷が朝鮮への自らの派遣を反故にされたことに激怒して、参議と近衛都督を辞職したのは、明治六年十月二十四日である。そして翌日の二十五日に副島、後藤、板垣、江藤の四参議も辞職している。

大久保は、十一月十日、念願の内務省を創設し、警察と地方行政の権限をここに集中する体制を築いた。

大久保はこのあと明治十一年に暗殺されるまで、絶対主義官僚として政治力を発揮する。この大久保の内務省創設も、後の日本の政治に大きな禍根を残すことになる。

順を追って、この四年間を見てみよう。

西郷が参議・近衛都督を辞任した翌年（明治七年）には、大きな出来事が幾つか起こっている。

前年、下野した六参議のうち、板垣退助、後藤象二郎、副島種臣、江藤新平の四人は、同じく野にあった由利公正、岡本健三郎らと一月十七日に民選議員設立建白書を左院に提出した。

これは、民選議員による国会を設立せよという要望書である。

これに関して、政府は特に具体的な対応をしていない。

この他には、江藤新平が起こした佐賀の乱と、西郷従道が台湾蕃地事務都督として指揮を執った台湾出兵である。

いずれも詳細は前述しているが、佐賀の乱に関しては、江藤が敗れて佐賀に連れ戻された後、大久保内務卿の権限で開かれた臨時裁判の判決で、江藤は梟首刑に処せられている。この佐賀の乱では、大久保は軍の指揮は執ってないが、厳しい処置をしている。もともと、江藤には好意を持っていなかったようである。

台湾出兵の時は、これも前述したが、戦後に大久保が自ら中国に出かけ清国総理衙門と交渉し、難航したが日本の出兵の正統性を承認させ、清国から五十万両《テール》の償金を出させることで、日本は辛うじて面目を保つことができた。

翌明治八年には、大久保の独裁体制の孤立化を心配した井上馨や伊藤博文の斡旋で大阪会議が開かれた。

政治改革をするということを条件に、木戸孝允と板垣退助が政府に復帰した。四月に漸次立憲政体樹立の詔勅が出され、六月には第一回の地方官会議が開催された。板垣は政府の方針に不満で、年内に再退陣している。

さらに、この年の六月には、反政府運動を取り締まるための途方もない条例、「讒謗《ざんぼう》律《りつ》」と「新聞紙条例」が定められた。

これは、前述したように官吏の公私生活に対する一切の批判を許さないという、全くもって乱暴極まりない傲岸な条例である。この時代には、政府や地方の官吏階級には「政治は俺たちがやる。お前たち庶民は、俺たちが定めたことに従えばいい。つべこべ言わずについてこい」といった官尊民卑の風潮が強くあったように思える。

政府は、これだけでは飽きたらず、九月三日に出版条例を改定し、出版物は事前に内務省に届け出て検閲を受けなければならないと定めた。

一連の取締強化で投獄される者が多数出たことも前述の通りである。

これらの条例の制定に大久保が具体的にどの程度関わっていたかは定かでないが、内務省が施行したことであるから、大久保が何らかの形で関与していたことは間違いないであろう。

これも、後の世に大きな禍根を残すことになる。

この他に、この年、江華島事件が起っている。

明治九年、朝鮮との間に修好条規が調印され、朝鮮が日本に対して開国させられた年である。

この年には、国内では廃刀令がきっかけとなって熊本神風連の乱、秋月の乱、萩の乱と士族反乱が相次いだ。

大久保は、直接軍の指揮を執っていないが、政府首脳として積極的な役割を果たしている。

この年には、この士族の反乱の他に地租改正に反対する一揆が各地で起こった。

地租改定に伴う地価算出について、各地で苦情が続出し、政府の事業が思うように進展しないため、五月十二日、承服しないものについて一方的に地価を決定、納税を命じると布告した。

これと前後して、五月六日には和歌山県那賀郡で、五月十五日には同県日高郡で、それぞれ地価問題を主とする原因で一揆が起こった。

さらに十一月三十日から十二月にかけて、茨城県真鍋郡で数千人規模の大きな一揆が起こり、十二月十九日には三重県飯野郡で同じく数千人規模の一揆が起こった。政府は軍隊を出動させて、ようやく鎮圧した。

さすがに、これらの反発には大久保も動揺を隠しきれず、地租を減額すると譲歩を示し、翌十年に実施した。


明治十年は、西郷隆盛が立ち上がった年である。

この西郷の西南戦争の詳細はすでに述べたが、あれほど息の合った名コンビで、幕末から明治にかけて活躍した西郷と大久保が敵味方に分かれて戦うことになろうとは、まことに信じがたい歴史の皮肉としか言いようのない出来事である。

この西南戦争と、翌年、大久保が暗殺されるが、これで明治維新が終わったとは言えないだろうか。

幕末・明治維新の三傑を選ぶなら、大方の者は、西郷隆盛、大久保利通と木戸孝允を選ぶ。

この頃、木戸孝允も、すでに政界の第一線から退いて内閣顧問となっていたが、この西南戦争のさなかに倒れ、五月二十六日に逝去した。

「西郷、もういいかげんにやめたらどうだ」という意味のことを大声で言ったのが、最後の言葉であったと伝えられている。

西郷が敗れた翌年（明治十一年）、当時権力者として君臨していた大久保が、五月十四日に馬車で内務省へ向かう途中、紀尾井町で刺客に襲われ斬殺された。

犯人は、石川県士族の島田一郎、長連豪、杉本乙菊、杉村文一、脇田功一および島根県士族の浅井寿篤《ひさあつ》らであった。

なぜ、大久保を惨殺したのか、その理由は明確ではない。時代の脇に追いやられた不平士族の憤懣なのか。

この時代、何かに反撥する意志がある者は、相手が権力者である場合、まともには対抗できないので、この暗殺という手段に出る。この後も、幾つかの大事な場面で権力者、為政者が暗殺で非業の死を遂げている。

大久保が冷徹無比で、時には冷酷とも思える態度で重要な案件を次々と処理していたので、誤解を招いているような節もあるやに思えるので、少し大久保の人物に触れておきたい。

家庭内では子煩悩で優しい父親だったようだ。出勤前のわずか十分か十五分の間を、唯一の娘である芳子を抱き上げて慈しんだ。

また、大久保が馬車で帰ってくると、三男の大久保利武ら子供たちが争って、玄関に出迎え靴を脱がせようとしたという。時には勢い余って後ろに転がることもあったというが、大久保はそれを見て、大笑いして喜んだ。

普段は、公務が忙しく家族と夕食を摂るのもままならなかったが、土曜日には自らの妹も呼んで家族と夕食を摂るようにしていた。大久保は、この家族との夕食を無上の楽しみとしていたという。

また、金銭には潔白で、私財を蓄えるということをしなかった。

それどころか、予算のつかなかった公共事業に私財を投じてまでやろうとしたという。

そのために死後の財産は、現金一四〇円に対し八〇〇〇円もの借金が残り、所有財産のすべてが抵当に入っていた。

大久保の志を知っていた債権者たちは、借財の返済を求めなかったという。

政府は協議の結果、大久保が生前に鹿児島県庁に学校に係わる資金として寄付した八〇〇〇円を回収し、さらに八〇〇〇〇円の募金を集めて、この一万六〇〇〇〇円で遺族を養うことにした。

寡黙で他を圧倒する威厳を持ち、かつ冷徹な理論家であったため、面と向かって大久保に意見を言える人間はいなかったという。

桐野利秋も、大久保に対してまともに話ができなかったので、大酒を飲んで酔っ払った上で意見を言おうとしたが、大久保に一瞥されただけでその気迫に呑まれ、早々に退散したという。

大久保亡き後の政局

大久保が暗殺されたのは、明治十一年（一八七八年）の五月十四日である。

そのあと、伊藤博文が工部卿から内務卿に転じ、明治国家構築の歩みに大きな乱れはなかった。

この年に起こった出来事のうち特筆すべきことは、近衛砲兵大隊の反乱である。

八月二十三日夜八時少し前、江戸城竹橋門近くに兵営のあった近衛砲兵大隊の兵卒二〇〇名余が蜂起した。制止しようとする大隊長・宇都宮茂敏少佐ら将校たちを死傷させ、兵営に火を放ち、大砲を引いて路上に押し出した。

前年の西南戦争に対する論功の恩賞が士官ばかりで兵卒に及ばなかったこと、また給与削減の動きがあることに対する不満が、まだ世間に色濃い反政府的雰囲気と結びついて起きた蜂起であるといわれる。

反乱の計画は、近衛砲兵大隊にとどまらなかった。近衛歩兵連隊や東京鎮台予備砲兵大隊とも事前に蜂起の打ち合わせができていた。

ところが、東京鎮台予備砲兵第一大隊の大隊長・岡本柳之助少佐が奇怪な行動を起こした。事件の夜、突然、夜間行軍演習の命令を出して、指揮下の部隊をそっくり大宮方面に連れて行ってしまった。

このため、予備砲兵隊の反乱参加は不可能になり、それだけではなく、近衛歩兵連隊も呼応しなかった。結局、小さなざわめきがあっただけで、部隊挙げての蜂起とはならなかった。

孤立した近衛砲兵の兵士が大砲を引きながら、仮皇居のあった赤坂に押しかけて天皇に陳情しようと試みたが、待ち受けた鎮圧部隊に叩きのめされ、死者を除く全員が逮捕された。

兵士たちは陸軍裁判所の裁判にかけられ、十月十三日、死刑四十九名を含む二〇〇名に判決が下された。

死刑のほとんどは近衛砲兵だったが、近衛歩兵および東京鎮台予備砲兵からも極刑を受けるものが出て、計画の根深さをうかがわせた。

近代的な軍隊もまだ年数が浅く、命令系統や軍人の基本的な心得が確立していないがゆえの出来事であったのであろうか。

もう一つ、見過ごしてはいけないことがある。

元田《もとだ》永孚《ながざね》、佐々木高行ら天皇の侍補一同は、五月十六日、天皇親政の実を挙げるための処置について上奏した。

天皇が若年未完成である間は、天皇の師である侍補が天皇の親政権を補佐代行すべきだという考えがその背後にあった。

しかし、政府側では侍補の政治関与に反対し、しばらく対立が続いたが、最終的に政府側の勝利に終わり、天皇の師が政府の上に立つという事態は回避された。

これも、なんとも言い難い話で、民主主義（デモクラシー）を目指すはずの国家で天皇の親政権を補佐代行する侍捕が政府の上に立つという発想が出てくるなど、まことに嘆かわしいことである。

だが、これに似たことは、今後も起こる。


年が明けて明治十二年、大久保利通亡きあとの政府は、大蔵省系を大隈重信が、内務省系を前述したように伊藤博文[*1]が引き継いで、それを岩倉右大臣がまとめていくという方向で決着した。

この年に、政府は沖縄県を設置した。武力を背景に沖縄藩を廃し、琉球国王・尚泰王を華族に列する代わりに東京に居住せよと半ば強制的に納得させ、沖縄県を設置したのである。

このために内務大丞の松田道之を派遣したが、彼は三度目の琉球入りの時は、官吏三十余名、巡査百六十余名、歩兵大隊四〇〇名を引き連れていくという物々しさであった。

前年に誕生した愛国社は、その規定に従って第二回大会を、三月二十七日から四月二日まで大阪で開いた。次いで第三回大会を十一月にやはり大阪で開いたが、次期大会までに国会開設要請の上奏署名を集めることが決議された。国会開設を要望する気運が徐々に高まってきていることがうかがえる。

前年話題になった天皇の侍補制度を十月十三日、政府は廃止した。

天皇が幼若の間は、天皇の師が政治を指導するという侍補側の主張をしりぞけ、侍補の政治介入を廃し、宮中と府中の別を明確にすることが政府側の方針であることが確定した。

明けて明治十三年には、自由民権側が三月十五日から愛国社の第四回大会を大阪で開催し、別に「国会期成同盟」と改称した。

この会議で選出された請願提出委員の片岡健吉、河野広中らは、四月十七日、「国会を開設するの允可《いんか》を上願する書」を太政官に提出したが、受理されなかった。

だが、国会期成同盟は第二回大会を十一月十日から東京で開き、会の名称をさらに「大日本国会期成有志公会」と変更し、次回を翌年十月とし憲法見込案を持参することなどを決めた。粘り強く頑張っているという感じがする。

一方、国会期成同盟に代表される政治的自由の要求に対して、政府は四月五日に集会条例を定めた。

政治集会や結社は警察署の事前の許可を必要とし、臨検警察官に集会解散権を与えた。軍人、教員、生徒の集会参加は禁止された。

十二月二十三日の改正では、さらに警視庁長官と地方長官に結社の解散権が与えられた。これは、第二次大戦後の民主主義憲法下では考えられない政府専権の暴挙である。この時代はこのようなことが罷《まか》り通ったのである。

五月十四日の閣議で、参議・大隈重信が提出した外債五〇〇〇万円を募集して不換紙幣を償却しようという案をめぐって反対論が多く、紛糾した。

六月三日には外債不可との勅諭が出て、中止が決定した。

続いて同月、内務卿・松方正義が[*2]「財政管窺概略」を太政官に提出し、紙幣整理の意見を明らかにした。これまで大隈主導型だった財政は、この頃から松方主導型に転換し始める動きが出てきた。

大隈重信は、福沢諭吉ら交詢社《こうじゅんしゃ》グループと結んでイギリス的政党政治の構想を持ち始め、翌年の官営工場払下げ問題とともに大きな政変に絡んでいくことになる。

（＊1）伊藤博文（その二）：天保十二年（一八四一年）九月二日、周防国熊毛郡束荷村字野尻の百姓・林重蔵の長男として生まれる。弘化五年（一八四六年）に破産した父が萩へ単身赴任したため母と共に母の実家へ預けられたが、三年後に父に呼び出され萩に移住した。

萩では久保五郎左衛門の塾へ通い、家が貧しかったため、十二歳頃から父が長州藩の蔵元付中間・永井武兵衛の養子となり、武兵衛が足軽・伊藤弥右衛門の養子となって伊藤直右衛門と改名したため、十蔵（重蔵）・博文父子も足軽となった。

安政四年（一八五七年）、江戸湾警備のため相模に派遣されていたとき、来原良蔵の紹介で吉田松陰の松下村塾に入門した。だが、身分が低いため敷居をまたぐことは許されず、戸外で立ったままの聴講に甘んじていた。

幕末期には尊皇攘夷に奔走する。維新後は藩閥政権内で力を伸ばし、岩倉使節団の副使、参議兼工部卿、初代兵庫県知事を務め、大日本帝国憲法の起草の中心的役割を果たす。五度も内閣総理大臣に就任。初代枢密院議長、初代貴族院議長、初代韓国統監、元老などを歴任した。外交では日清戦争の勝利に伴う日清講和条約の起草・調印に関わり、朝鮮の独立を清国に認めさせた。

一九〇九年、ハルビン駅で朝鮮民族主義活動家の朝鮮人・安重根に暗殺された。

（＊2）松方正義：天保六年（一八三五年）二月二十五日、松方正恭の四男として鹿児島近在荒田村に生まれる。薩摩藩士、政治家。

わずか十三歳で両親を亡くす。嘉永三年（一八五〇年）、十六歳のとき、御勘定所出物問合方へ出仕、扶持米四石を得る。その後、大番所役を務めていた頃に幾度か藩主に拝謁する機会を得、精勤ぶりを認められ、褒賞として金一三〇両を下賜されたことがある。

維新後の明治期には、内閣総理大臣を二度（第四・六代）務めるとともに、大蔵卿、大蔵大臣（初代～第四、第六、第八、第十一代）を七度と長期間務めて、日本銀行を設立し、金本位制を確立するなど、財政面で功績を残した。

晩年は元老、内大臣として政局に関与し、影響力を行使した。贈従一位大勲位侯爵、日本赤十字社社長。

明治十四年の政変――大隈と伊藤の激突

明治十三年（一八八〇年）の政府は深刻な財政危機に見舞われていた。維新以来苦しかった財政に西南戦争の費用が重なり、負債の利子だけで国庫収入の三分の一を超えているという劣悪な状態で、さらに不換紙幣を年間収入の三倍近い一億五〇〇〇万円も乱発していた。

前述の通り参議大隈重信は、不換紙幣の償却のため外債五〇〇〇万円を募集するという提案をしたが、これには反対論が多く、紛糾したが結局、外債は不可という勅諭が出て取りやめになった。

そこで新たな方策として、官営工場を民間に払い下げて財政赤字の解消を図ろうという案が出てきた。

明治政府は明治六年の内務省創設以来、内務省所管の模範工場をはじめとする各種官営工場に資金投下を続けてきた。

だが、在来産業との関連を十分配慮せずに外来機械技術を導入したため、投下資本が巨額なのに比して回収額が思うように伸びなかった。

これ以上、資本投下を続けることは財政上無理だという状態になっていた。

このため十一月五日、工場払下げ概則が定められ、内務省、工部省、大蔵省、開拓使に対して、官営工場の暫時民有化を進めるよう命令が出された。

これによって、三井、三菱、住友、古河、浅野、大倉などが払下げを受け、財閥資本へと成長していく基盤を作ることができた。

この工場払下げには、なんとも不可解な事例があった。

開拓使長官の黒田清隆が、この払下げ方針に沿うという装いのもとに、開拓使が北海道に投下した一四〇〇万円の官営事業を、わずか三十九万円という不当に低い評価で、しかも無利息三十年年賦というタダ同然の処置で、同じ薩摩出身の五代友厚らが経営する関西貿易商会に払い下げようとした。

十四年の七月、大隈参議や有栖川左大臣の反対を押し切って、いったんこの払下げは決定されたが、それが明治十四年の政変の原因に絡んでゆく。

大久保利通が三年前に暗殺されたあと、明治政府を実質的に担ってきたのは、前述のように大隈重信と伊藤博文であったが、両雄並び立たずのことわざ通りか、憲法と国会開設をめぐって、この明治十四年に両雄の対立が始まった。

太政官では、自由民権側の国会開設要求に対処するため、各参議に立憲政体についての意見書の提出を求めていたが、伊藤は大隈にも相談の上で、時間をかけてゆっくりと進むのがよいという意見を出していた。

ところが大隈は、十四年三月、他の参議に秘密で、明治十六年から国会を開きイギリス風の政党内閣をつくれという急進的な建議を有栖川左大臣に提出した。

それをどこで聞き込んだか、伊藤は六月二十七日、三条太政大臣から大隈の意見書を借覧し、その内容に激怒。七月五日、大隈と面談し、

「貴君の意見は、君権を人民に放棄するものだ」と非難した。

しかし、大隈は譲らない。大隈の背後には福沢諭吉ら交詢社系の自由民権派が控えている。

この対立と絡んで、開拓使官有物払下げ問題が起こったのである。

黒田清隆が、これを閣議と有栖川左大臣の反対を押し切って承認させてしまった。勅裁が七月三十日、発表は八月一日の予定であった。

ところが発表に先立って、七月二十六日の「東京横浜毎日新聞」が、社説〔関西貿易商会の近況〕で、この払下げ事件を暴露した。これをきっかけに世論の批判が高まり、国会開設運動とも結びついて政府を追い詰めようとする動きが出てきた。

また、新聞に情報を漏らしたのは大隈だろうと疑われることになった。

ますます怒り狂った伊藤は、岩倉右大臣と組んでクーデターでケリをつけようと準備を始める。

伊藤にとって好都合なことに、大隈は天皇に従って東京を留守にしている。

十月十一日の夜、東京に着いたばかりの天皇のもとで御前会議が開かれ、大隈の罷免、開拓使の官有物の払下げ中止、さらに明治二十三年から国会を開設するなどの方針が決定された。

会議の終了後、伊藤と西郷従道の両参議が大隈を訪問、辞表の提出を求めた。首都には戒厳態勢がしかれ、樺山資紀《かばやますけのり》警視総監は警官を総動員させ、野津道貫東京鎮台司令官は出兵準備をするなど物々しい様相を呈した。

翌朝、大隈は辞表を懐に参内しようとしたが、門衛に阻まれた。もはや筆頭参議ではなく罪人同様の扱いであった。有栖川邸にも回ったが、ここでも同様の扱いであった。大隈はクーデターによって追放されたのである。

十月十三日には、矢野文雄（龍渓）・犬養毅《いぬかいつよし》・尾崎行雄・小野梓・中上川《なかみがわ》彦次郎らが辞任し、二十日には農商務卿・河野敏鎌《こうのとがま》が辞任し、大隈人脈は政府内から一掃された。

その他、この年の出来事で特記すべきは、浅草井村楼で自由党結成会議が開かれたことである。十月二十九日、総理に板垣退助を選挙し、板垣は十一月九日、これを受諾した。もうひとつ、政府は陸軍部内に軍隊専門の警察機関である憲兵を設置する条例を定めた。まず東京に一隊を置き、さらに他府県に広げていく。

明けて明治十五年、伊藤博文が憲法調査のため渡欧した。自由党総理・板垣退助も、四月に遊説先の岐阜で暴漢に刺されるものの、療養して十一月には後藤象二郎と外遊した。だが板垣の外遊に関しては、その意図や資金の出所に疑惑があり、党内にも反対論が強かった。

さらに、この年新しく結成された大隈重信の改進党も板垣を攻撃したため、自由党もこれに反発して改進党と三菱との関係を非難したので、泥試合の様相をおびてきた。

この年、朝鮮では「壬午《じんご》の軍乱」が起こっている。

明治の国造りとは直接関わりはないが、当時の朝鮮の実情をうかがうことができるので簡略に述べておく。

朝鮮の京城での軍隊の大反乱の原因は、軍制改革と米騒動が結びついたものである。

この年に国王と閔妃《びんひ》一族が日本から堀本少尉を招いて「別技軍」という特殊部隊の養成を始め、その代わりに多数の将兵を整理し、残りの者の給料も引き下げた。当時、将兵の給料は米の現物で支給されていたが、遅配・欠配が続き、街で買うにも、米価は手が届かないほど高騰していた。

これは、日本商人が不平等条約を利用して買い占めていたからと言われている。

この年、壬午の七月、久しぶりに兵士への米の配給があったが、そのとき、分量に不足があり、それが政府高官の横領であることが暴露された。これに抗議した兵士が処罰されたため、ついに不満が爆発した。

武衛宮の兵士が武器庫に殺到し、武器を奪い、警察や監獄を襲った。これに市民が合流して食料倉庫や官吏の家を襲い始めた。

別技軍の屯営を攻め、堀本少尉を殺し、さらに日本大使館に押し寄せた。花房義質《よしもと》公使はみずから建物に放火し、夜陰にまぎれて仁川に逃亡。翌日イギリス船に助けられて、辛うじて日本に帰ってきた。

王妃は、清に救援を依頼し、三〇〇〇人の大軍を乗せた清国の艦隊が到着した。日本政府も花房公使を全権とし、軍艦三隻と一五〇〇の兵で仁川に送り返した。このとき、清軍と日本軍が対峙したのは、国王の父・大院君が指揮する朝鮮軍であった。国王が事態の収拾を大院君に依頼したのである。

ために、清軍と日本軍は、この大院君を相手に和戦両様の先陣争いを繰り広げた。そのため、日清両軍の衝突が避けられなくなってきた。

この時、清軍の馬建忠将軍が政治力を発揮する。日本の要求を朝鮮に認めさせるから、交渉を自分に任せるよう申し入れておいて、大院君を拉致し天津に連れて行ってしまった。

宗主国の権限を発揮してのことか、朝鮮軍と朝鮮民衆は、これを知って驚き、清軍と交戦したが、大弾圧・大虐殺を蒙《こうむ》った。

日本の花房公使は、大院君を失った国王と改めて交渉し、八月三十日、済物浦《さいもっぽ》条約に調印、壬午事変の犯人処罰、賠償、公使館への駐兵権などを認めさせたが、問題はまだまだ尾を引くことになる。

明治十六年に、維新以来、政権の中枢にどっかりと座り続けていた大策謀家・岩倉具視が死去した。伊藤博文は帰国後、岩倉の遺志を継いで、君主主権憲法の完成と帝王政治体制の確立に全力をあげる心意気を示した。

一方、自由党と改進党の泥仕合はなおも続いていた。自由党は偽党撲滅演説会を強行する。板垣はそのさなかに欧州から帰国するが、成果は何もない。自由党に分裂をもたらし、自由党と改進党の大喧嘩の引き金になっただけだと言われた。

農民の借金苦・過激な事件が頻発

明治十四年の政変によって、日本の経済は、大隈財政から松方財政に切り替わった。いわゆる〝松方デフレ〟が始まっていた。

緊縮政策によって農村は深刻な不況に見舞われ、手元に詰まった農民は借金で切り抜けることが多くなった。しかし、返す金がないため利子がかさみ、ますます貧乏になるばかりであった。

そのために、明治十六年頃から、負債利子軽減を要求する農民騒動が目立ち始めた。明治十六年十一月、石川県能美郡の農民約五〇〇〇人が小松町の金貸業者を襲撃している。

これらの動きが明治十七年にピークに達した。

正月早々から福島県はじめ各地で千人単位の農民が行動を起こした。

これら農民たちが、「借金党」とか「困民党」とか自称して団結しているのが大きな特徴である。

五月、群馬で事件が起きた。群馬県妙義山麓の陣場ヶ原で、自由党員の湯浅理兵らと負債農民数千人がむしろ旗を押し立てて蜂起し、甘楽郡一帯で手広く高利貸しをやっていた岡部為作の会社を襲い、放火した。

しかし、松井田警察分署を経て高崎の兵営に向かう頃になると、農民たちは離散し始める。軍隊とぶつかるほどの覚悟はできていなかった。

やむなく解散したが、リーダーたちは次々と逮捕され、強盗、放火、殺人等の罪で懲役刑を受けた。

九月には「加波山《かばさん》事件」が起こった。

茨城、福島の自由党員十六名が加波山山頂に集まり、革命の旗をなびかせた。そして二十五日未明、山を下りて警官隊と衝突し、爆裂弾が火を噴く大乱戦の後、一党は離散した。

この事件は、自由党解散の引き金になったといわれている。

自由党解散直後の十月三十一日、この年最大の農民激化事件、「秩父事件」が起こった。

秩父困民党が数千人の農民を率いて立ち上がった。

総理は田代栄助である。農民軍は高利貸の家を次々と襲った後、秩父の郡役所を占領して表札を「革命本部」と書き改めた。

十一月三日、鎮圧のため軍隊が出動した。軍隊は新式の村田銃を持っている。これが火を噴くと、とても勝ち目がない。分裂離散した農民軍の一部は、十石峠を越え、八ヶ岳の山辺高原まで転戦したが、そこで力尽き壊滅した。

五人が死刑、有罪四〇〇〇人余という大きな事件であった。


この年、もうひとつの大きな事件は、十二月四日に朝鮮で起こった「甲申《こうしん》事変」といわれる親日派のクーデターである。

二年前の「壬午の軍乱」のあとも、清国は朝鮮の内政に強く干渉していた。これに対抗して、金玉均《きんぎょくきん》、朴泳孝《ぼくえいこう》ら親日派の開化党がクーデターを起こして政権を奪取した。

これに対し、清国軍が反撃に出て劣勢の日本軍を圧倒した。竹添進一郎公使は亡命する金や朴を伴って長崎まで引き揚げてきた。

ところが井上馨外務卿は、中国がベトナムをめぐる戦闘でフランスに敗北したので、朝鮮から清国の勢力を一掃する好機だと判断し、十二月二十一日、全権大使の任命を受け、軍艦七隻を率いて仁川に上陸した。翌年九月には「漢城条約」が結ばれて、朝鮮は日本に陳謝し、賠償金を払うことになった。

日本は清国とも翌年（明治十八年）、参議・伊藤博文を全権大使に任命し、四月三日から天津で李鴻章《りこうしょう》と交渉を開始した。

日本は清国指揮官の処罰を要求したため交渉は難航したが、四月十五日に妥結し、「天津条約」が調印された。

内閣制度がスタート・薩長中心の内閣

明治十八年（一八八五年）、維新以来の太政官制が廃止されて内閣制が発足した。

その成立段階で面白い経緯がある。明治十六年、岩倉具視が病死すると、太政官制の三大臣のうち右大臣が欠員になった。三大臣は宮・公家から選ぶという慣行があったが、後任の適格者がいない。

三条太政大臣が考えたのは、薩摩系の古参参議で内閣顧問でもある黒田清隆を右大臣に昇格させようというのであった。

ところが、強い反対意見が出た。

まず、天皇が大反対だった。黒田は酒乱の気があり、素行上問題がある。天皇は前から嫌っていた。天皇に近い佐々木高行も強く反対。ために黒田は就任を辞退した。

これで急に方針が変わったという。

三大臣中心の太政官制をあきらめて、ヨーロッパ型の内閣制をやろうというのである。

ヨーロッパの憲法研究の仕上げをしていた伊藤博文がリーダシップをとった。各省の長官が大臣となり、それを総理大臣が総括するという体制である。これは、伊藤がとっさに思いついたのではなく、前から腹の中に持っていたように思える。

問題は三条太政大臣の処遇であるが、宮内大臣とは別に内大臣というポストを設け、三条をここへ送り込むことで解決した。宮内大臣が天皇や宮家など貴族全体の世話をするのに対して、内大臣は天皇の政治的相談役であると位置づけることにした。

十二月二十二日、太政官制が廃止され、内閣制が始まった。

内閣総理大臣、宮内、外務、内務、大蔵、陸軍、海軍、司法、文部、農商務、逓信の各大臣が任命され、宮内大臣を除く各大臣で内閣が組織された。

これとは別に、内大臣および宮中顧問官が設置された。

初代総理大臣には、伊藤博文が就任した。長州の足軽の子が最高の地位にのぼったというので、〝今太閤〟だと大きく評判になった。豊臣秀吉の再来かというわけである。

他の閣僚は、外務が長州の井上馨、内務が長州の山縣有朋、大蔵が薩摩の松方正義、陸軍が薩摩の大山巌[*1]、海軍が同じく薩摩の西郷従道と、薩長が圧倒的多数の構成であった。

翌十九年の前半は、前年末に発足した内閣制度に伴う諸制度、機構、官制の整備が行われた。

年の半ば頃から、井上外務大臣の推進してきた条約改正の作業が始まった。井上馨外務大臣は、五月一日、第一回条約改正会議を外務省で開催し、条約改正案を正式に提出した。

ところが、六月十五日、第六回条約改正会議で英独公使は日本案を実行不可能と決めつけ、英独合同の改正案を提出してきた。

このため、六月二十九日の第七回会議では、英独案に基づいて改正交渉を行うことに決定した。

その第八回会議は十月二十日に開催される予定であったが、八月十三日、「清国水兵事件」が起こった。長崎に上陸した清国水兵が飲酒暴行に及んだため逮捕された。これに反発して数百人の清国水兵が騒動を起こし、日本人巡査と乱闘になり、双方に死傷者が出た。九月六日、両国連合委員会が調査を開始したが、結論が得られず、外交交渉に持ち込まれ、翌年まで決着を見ることができなかった。

これに加えて、十月二十四日に「ノルマントン号事件」が起こった。英船ノルマントン号が紀州沖で沈没したが、英人船長ドレイクはじめ乗組員二十七名は全員無事脱出したが、日本人乗客二十三名はことごとく溺死した。

誰が考えても納得の行きかねる結果である。

ところが、英国の領事裁判は十二月八日、船長ドレイクに禁獄三カ月の判決を下したので世論の批判が高まった。

これが目下進行中の条約改正交渉に影響を強く与え、条約改正交渉は頓挫するに至った。


この他には、この年、陸軍では一月二十八日、各鎮台の師団番号を決定した。東京鎮台が第一師団で、以下第六師団まで決まった。

さらに三月十八日、参謀本部の条例が改正されて、参謀本部が陸海軍の総合的軍令機関となった。


三月二日には、帝国大学令が公布されて東京大学が帝国大学に改組された。四月十日には師範学校令、小学校令、中学校令が公布された。

小学校の義務教育制が初めて標榜された。これは我が国の教育制度上特筆すべきことである。


甲府の雨宮製糸場の女工が、過酷な取締り、賃金引き下げなどに抗議して六月十二日、就労拒否に入った。我が国のストライキの先駆である。

明治二十年になり、前年頓挫した条約改正交渉を、四月二十二日に裁判管轄に関する英独案を修正して審議したが、六月一日、司法省法律顧問ボアソナードが反対意見を提出したことがきっかけで、閣内外の反対意見が表面化した。

農商務大臣・谷干城《たにたてき》*2から、条約改正は国会開設後に延期せよとの意見書が伊藤総理に提出されるなど、結局方策がまとまらず、条約改正交渉は完全に破綻した。

九月十七日、井上外相は辞任し、伊藤首相がしばらく外相を兼務することになった。

憲法草案の起草が進んだ。ドイツのお雇い外国人ロェスレルが、独文の憲法草案を法制局長官・井上毅《こわし》に提出した。五月二十三日、井上毅は憲法草案私案を伊藤首相に提出し、六月一日から伊藤首相は伊東巳代治《みよじ》、金子堅太郎らと憲法草案の検討に入った。途中から井上毅も加わって、八月に修正草案が出来上がった。

九月二十八日、伊藤総理は地方長官を招集し、憲法を天皇が親裁することに異を唱えるものは断固弾圧せよと訓示した。帝王主権の憲法とその発布の方法が内定したのである。

伊藤、伊東、金子、井上らは十月十五日にも、東京の伊藤私邸で修正草案を重ねて検討している。

この年、いったん壊滅に瀕していた自由民権運動が、条約改正問題と絡んで再び活況を呈してきた。

旧自由党総理の板垣退助の動きは、今一つ明瞭なものでないが、この気運を捉えて後藤象二郎が大芝居を打った。

後藤は民間政客約七十人を芝の三緑亭に招いて懇談会を開き、旧自由党系と改進党系が合同して政談演説会を開催する方向で進めていたが、十一月に入るとこれを母体に「丁亥《ていがい》倶楽部《クラブ》」を結成して旧幹部の結束を固めた。

大同団結運動は、この丁亥倶楽部に代表される自由民権諸派の旧幹部の妥協的合同と、新しく出てきた血気盛んな壮士や学生とによって担われ、「三大事件建白運動」[*3]は、その運動の要求内容を最も的確に表現しているものと位置づけられた。

東京市内に潜入した壮士は二〇〇〇人を超えたといわれている。

政府は、その規模の大きさにびっくりした。

弾圧は、山縣有朋内務相が担当した。それに、警視総監・三島通康《みちやす》が従う。

片岡健吉らが一大示威運動を展開しようとした前夜の十二月二十五日、突如として保安条例が発せられ、二十八日までに五七〇人が皇居外三里の外に放逐された。

せっかく盛り上がりをみせた自由民権運動も、厳しい保安処置のために鎮圧されるという憂き目に遭った。

（＊1）大山巖：天保十三年（一八四二年）十月十日、薩摩藩士・大山綱昌の次男として鹿児島城下加治屋町柿本寺通に生まれる。

同藩の有馬新七等の影響を受けて過激派に属していたが、文久二年（一八六二年）の寺田屋事件で公武合体派によって鎮圧され、大山は帰国謹慎処分となった。薩英戦争のときに謹慎を解かれ砲台に配属された。この時、西欧列強の破壊力の強烈さに衝撃を受け、戦後、幕臣・江川英龍の塾で黒田清隆らと共に砲術を学んだ。

戊辰戦争では、新式銃隊を率いて、鳥羽・伏見の戦い、会津戦争など各地を転戦した。また、一二ドイム臼砲や四斤山砲の改良に貢献している。これら大山の設計した砲は「弥助砲」と呼ばれた。

維新後は、明治二年（一八六九年）に渡欧して晋仏戦争を視察、明治三年から六年にかけてジュネーヴに留学した。大警視（第二代）、陸軍大臣（初代、第三代）、陸軍参謀総長（第四代、六代）、内大臣（第五代）、元老、貴族院議員を歴任した。西郷隆盛・従道兄弟は従兄弟にあたる。元帥陸軍大将、従一位大勲位功一級侯爵。

（＊2）谷干城：天保八年（一八三七年）二月十二日、儒学者・谷景井の四男として、土佐国高岡郡窪川（現在の高岡郡四万十町）に生まれる。三人の兄が相次いで夭折したので総領息子となった。後に父は土佐藩の上士（小姓組格・武道師範）として取り立てられている。

幼少期は落ち着きのない子供だったが、成長すると勉強熱心になり、藩に注目され、安政六年（一八五九年）に江戸に出て、安井息軒（儒学）、安積良斉（朱子学）などの門弟として学び、文久元年に帰国した。帰国途中に武市瑞山と知り合って尊皇攘夷に傾倒、藩政を主導していた吉田東洋とも対外方針を話し合った。東洋の開国方針が悠長だと批判しながらも、その度量の大きさに感服していたが、東洋が暗殺された時は、彼との対立関係もあって、周囲から犯人だと疑われた。

東洋暗殺後は、武市と共に藩主・山内豊範の側近に引き立てられ、武市と共に京都に上がると諸藩の志士と交流し、攘夷実現に向け努力した。前藩主・山内容堂にも度々意見を出したが、武市が失脚すると、谷も左遷された。

そののち致道館助教として復帰したが、後藤象二郎の富国強兵策を批判するなど攘夷の考えは変わらなかった。のち西洋の長所を徐々に理解するようになり、慶応三年に長崎を訪れ、後藤や坂本龍馬と交わり、彼らから攘夷が不可能であることを説得された。その直後に、出かけて行った上海で西洋の軍事力を目の当たりにし、驚きのほかなく、帰国するや後藤の賛同者になり、開国、倒幕論者になった。戊辰戦争では、板垣率いる迅衝隊の小軍監（後に大軍監に昇格）として北関東・会津戦争で活躍する。

明治二年、参政に、翌三年には小参事に任じられ、高知（土佐）の藩政改革に尽力した。だが東京にいた後藤と板垣が積極財政と浪費を重ね、藩財政を傾けていたことに反発、両者の頭越しに藩士の縮小と費用の削減を実施したことが、彼らの怒りを買い藩政から排除された。明治四年四月に小参事に復帰、藩政をかため軍事改革に尽くした。明治十年の西南戦争の時には、五十二日間にわたって薩軍の攻撃から熊本城を死守し、政府軍の勝利に貢献した。明治十一年には西南戦争の功績により、十一月に陸軍中将に昇進、陸軍士官学校校長、陸軍戸山学校長になったが、三年後に、先の台湾出兵で戦死・病死した将兵の遺体を粗暴に扱ったことに抗議し辞任している。その後も紆余曲折があり、苦労の多い生涯を送ったように思える。

（＊3）三大事件建白運動：明治二十年（一八八七年）十月に片岡健吉が元老院に提出した建白書をきっかけに起きた政治運動。大同団結運動と並んで自由民権運動の最後の運動といわれている。

明治十九年、第一次伊藤内閣の外務大臣・井上馨が条約改正の会議を諸外国と行っていたが、日本側が提案した関税の引き上げや諸外国が要求した外国人判事の任用などで譲歩を迫られていた。これに対し、小村寿太郎、鳥尾小弥太、法律顧問ボアソナードが反対意見を提出し、さらに翌明治二十年には農商務大臣・谷干城もこれに反対して辞表を提出した。

これを感知した民権派が一斉に政府を非難し、東京では学生や壮士によるデモが起こった。この間、片岡健吉を代表とする高知県の民権派が、今回の混乱は国辱的な欧化政策と言論の弾圧による世論の抑圧にあるとして、（一）言論の自由の確立、（二）地租軽減による民心の安定、（三）外交の回復（対等な立場による条約実現）を柱として「三大事件建白」と呼ばれる建白書を提出した。

折しも、後藤象二郎による大同団結運動が盛り上がっている最中で、片岡の他に尾崎行雄や星亨《ほしとおる》もこれに応じて民権派の団結と政府批判を呼びかけた。

これに対し、政府は同年十二月に保安条例を発布し、片岡はじめ多数の運動家を追放・逮捕した。そのため三大事件建白運動は余儀なく挫折した。この影響で大同団結運動も分裂を来し、自由民権運動も大きな曲がり角にさしかかることになる。

枢密院官制が公布さる

翌明治二十一年（一八八八年）、枢密院官制が交付された（四月三十日）。

これは、天皇の諮問を受けて憲法草案と皇室典範起草案を審議するためのものである。憲法の起草を進めてきた伊藤博文は、この憲法を天皇が制定発布する欽定憲法にしたいのだが、天皇が一人で全部を考えたとするのは無理だから、誰かに相談したという形を作ろうとした。

その相談相手として設定されたのが枢密院である。天皇が維新の練達の元勲をみずから枢密顧問官に任命し、顧問官と閣僚とで院を構成することにした。

初代の枢密院議長には、初代総理大臣の伊藤博文が首相の座を降りて就任した。後任には薩摩の黒田清隆が任命されたが、閣僚は伊藤内閣をそのまま引き継いだ。さらに、伊藤自身も内閣に加わることになったから、看板を掛け替えただけで、実質は変わらないものになった。

このとき任命された枢密顧問官の顔ぶれと閲歴は別掲[*1]するが、元老院議長・大木喬任をはじめ、その多くが土佐と肥前の出身者で占められたが、旧幕臣から勝海舟が加わっているのは特筆すべきことである。

重要なことは、この枢密院の国家政体における位置づけである。

枢密院の議事を始めるに先立って、五月八日に開院式が行われ、天皇が皇室典範および憲法の草案を諮詢《しじゅん》する旨の勅語を下し、五月二十五日から皇室典範が、六月十三日から憲法草案が審議された。

この枢密院の役割は、憲法や皇室典範を審議するにとどまらなかった。憲法の条文中に、「天皇ノ諮詢ニ応ヘ重要ノ国務ヲ審議ス」と規定されて、勅令などの諮問に応じることを任務とし、内閣から独立した一つの権力機構となった。

枢密院が直接内閣に干渉することは禁じられていたが、藩閥官僚の拠点となって、暗に内閣に圧力をかけることも少なくなかったようである。

このような、新たな権力機構が出来てくると、本当は、どこが、誰が権力核を掌握しているのか、わからなくなってくる。

（＊1）枢密顧問官：（氏名、閲歴）肥前出身・元老院議長・大木喬任、公家で元老院副議長・東久世通喜、薩摩出身の宮内次官・吉井友実、長州出身の宮中顧問官・品川弥二郎、元海軍卿・勝安房、土佐出身の元農商務卿・河野敏鎌、肥前出身の宮中顧問官・副島種臣、土佐出身の宮中顧問官・福岡孝弟、同上・

佐々木高行、薩摩出身の宮中顧問官・寺島宗則、肥前出身の宮中顧問官・佐野常臣、以上いずれも著名なメンバーである。

第五章　憲法発布・大日本帝国憲法

立憲君主制国家への大きな一歩

明治二十二年（一八八九年）二月二十一日、大日本帝国憲法が発布されたと一部の資料にあるが、この憲法は、正しくは二月十一日（紀元節の日）に発布されている。

これで我が国も立憲君主制国家群の仲間入りを果たしたことになる。この大日本帝国憲法（別名、明治憲法、帝国憲法、旧憲法ともいわれる）は、果たしてどのような憲法であったのか。

その中味を確認する前に、憲法発布日の騒然たるお祭り騒ぎを記載しておく。

十一日の午前十時半から宮中正殿の大広間で式典が挙行された。その直前に文部大臣・森有礼が官邸門前で刺される（翌日死亡）という不幸があったが、式の進行には支障なかった。会場は政府高官や華族、また外交団で埋められた。皇后も女官を率いて臨席した。

定刻になり、天皇は憲法の前文、「上諭」（告文）を読み上げた。それは、

「朕は先祖がこの国をつくり治めてきた事業を引きつぎ、この国を支配するために、この憲法を制定した。朕と朕の子孫は、この憲法によって日本を統治していく」

という内容のものである。

次いで天皇は、その憲法を総理大臣・黒田清隆に手渡した。

余談ながら、天皇はこの黒田を嫌っていたが、その黒田に大事な憲法を手渡す破目になったのは、なんとも皮肉な話である。

さらに黒田は維新の元勲中、最も強硬に憲法制定に反対していたので、なんとも言いようのない不協和音というしかない。

この憲法発布の数日前から、東京をはじめ、全国の主な都市では奉祝門、飾り照明、行列などの準備で大騒ぎだったという。

ところが面白いことに、誰も憲法の内容を知らなかった。

それでも憲法は発布された。

式典の参列者は憲法の全文と英訳文を貰って退出、そこで初めて内容を知ったという。

資料によると、中江兆民《なかえちょうみん》*1はこの憲法を一読して、あざわらっただけで投げ捨てたらしい。

しかし大阪朝日新聞は憲法の全文を東京から入手し、その日の午後に号外として速報し話題になった。

（＊1）中江兆民：弘化四年（一八四七年）十一月一日、高知城下の山田町（現・高知市はりまや町二丁目）に生まれる。日本の思想家、政治家（衆議院議員）。フランスの思想家ジャン＝ジャック・ルソーを日本に紹介して、自由民権運動の理論的指導者となったことで知られており、「東洋のルソー」と評された。

文久元年（一八六一年）二月、十四歳の時に父が死去し、家督を相続して足軽身分となる。文久二年に藩校の文武館開校と同時に入門し、細川潤次郎、萩原三圭らの門下生として学ぶ。外国語も学び、慶応元年九月には、藩が派遣する留学生として長崎に赴く。この頃、郷土の先輩である坂本龍馬と知り合う。龍馬に頼まれてタバコを買いに走ったなどの逸話が残っている。その後、幕府の語学所学頭・平井義十郎からフランス語を学ぶ。慶応三年末に兵庫が開港されると上方へ赴き、フランス外交団の通訳を務める。

明治維新後は、通訳を辞して東京に戻り学問を続ける。明治四年十一月、横浜を出発、アメリカ経由で第三共和制時代のフランスに赴く。フランスではパリ、リヨンに滞在し、この頃、西園寺公望とも知り合う。

明治七年六月に帰国し、八月に家塾の「仏蘭西学舎」を開く。塾では語学や思想史のほか漢学も重視したという。十八世紀のフランスの思想家ジャン＝ジャック・ルソーの『社会契約論』の部分訳である漢字カタカナ交じり文の『民約論』の校訂に携わった。明治三十四年（一九〇一年）十二月十三日没。

大日本帝国憲法とは……

この憲法の発布により、我が国は立憲君主制国家の仲間入りを果たしたと述べたが、ではその内容はどのようなものであったのか。

憲法の全文は紙数の制約があるので掲載できないが、その概略を述べてみる。

目次

第一章　天皇（第一条―第十七条）
第二章　臣民権利義務（第十八条―第三十二条）
第三章　帝国議会（第三十三条―五十四条）
第四章　国務大臣及枢密顧問（第五十五条―第五十六条）
第五章　司法（第五十七条―第六十一条）
第六章　会計（第六十二条―七十二条）
第七章　補則（第七十三条―七十六条）

以上の七章、七十六条から成っている。

現行の日本国憲法との比較において、この憲法の特徴と問題点に言及してみたい。

まず言えることは、この憲法は天皇のために制定されたものであり、日本国民のために制定されたものではない、ということである。

そのことは「告文」でも憲法の前文でも明確に記載されている。

また、第一章、第一条で「大日本帝国ハ万世一系ノ天皇之ヲ統治ス」の規定があり、主権は天皇にあり、国民ではないことが厳格に明記されている。

次に、この憲法には「内閣」と「内閣総理大臣」の規定がない。

内閣制度は、すでに述べたように明治十八年に発足している。初代の内閣総理大臣には伊藤博文が就任した。にもかかわらず憲法には「内閣」も「内閣総理大臣」の規定もない。なぜだろうか。

これは一説によると、伊藤博文がグナイスト[*1]の指導を受け入れ、プロイセン憲法（ビスマルク憲法ともいう。一八七一年制定）を下敷きにして新憲法を作ったからに他ならない、という。

グナイストは伊藤に、

「イギリスのような責任内閣制度を採用すべきではない。なぜなら、何時《いつ》でも大臣の首を切れるような首相を作ると国王の権力が低下する。あくまでも行政権は国王・皇帝の権利であって、それを首相に譲ってはいけない」と助言した。

伊藤は、みずから初代内閣総理大臣を務めたにもかかわらず、この意見を採用したので、戦前の我が国は憲法上「内閣も首相も存在しない国」になった。

さらに、この憲法上の欠陥というべきものが、陸海軍が天皇に直属するという条文である。第一章・天皇の第十一条「天皇ハ陸海軍ヲ統帥ス」という規定を盾に、後の時代に陸海軍が内閣を無視して暴走するという大きな災いをもたらすことになる。

このような憲法の規定が、軍部の独走を招き、あの愚かな戦争を起こし、我々の多くの同胞・軍兵が、いわれもなく戦死、病死し、また民間人の被災による死傷を招くことになろうとは、伊藤は想像しただろうか。

大日本帝国憲法は、国政に対する絶大な権限を天皇に与えた。

さらに、前述したように陸海軍に対する無限の統帥権を与えることにより、その権限をより強固なものにした。

また、天皇には宣戦布告し、和を講じ、諸外国と条約を締結する権限も与えられている（第一章・天皇：第十三条「天皇ハ戦ヲ宣シ和ヲ講シ及諸般ノ条約ヲ締結ス」）。

天皇が諸般の状況を的確に判断し、それに対する政策を実行し得る能力があれば、国家は順調に推移して行くかもしれないが、明治天皇にそれができたとしても、その皇位は次の皇男子孫に継承されていくのである（第一章・天皇：第二条「皇位ハ皇室典範ノ定ムル所ニ依リ皇男子孫之ヲ継承ス」）。

もし、後継の天皇にこれらの大権を行使する適格な能力がなければ、国政は支障なく巡っていかないだろう。その時には、枢密院顧問、国務大臣、宮内大臣、内大臣が、天皇の権能行使を補佐（輔弼）するから問題ないという意見もあるが、確かにこれらの輔弼行為がうまく機能すれば、大きく道を誤ることはないかもしれないが、もうひとつ懸念されることは、自らの願望を達成したいために特定のグループ（例えば軍閥）が、この権限を私的に行使する可能性は十分に予想できるということである。事実、昭和に入って、それが現実のものになった。

伊藤博文ら欽定憲法の制定に熱意を燃やしていた人たちは、そんな恐れがあることに、考えが及ばなかったのであろうか。

帝国議会の規定がある。

「帝国議会ハ貴族院衆議院ノ両院ヲ以テ成立ス」（第三章・帝国議会：第三十三条）。

「貴族院ハ貴族院令ノ定ムル所ニ依リ皇族華族及勅任セラレタル議員ヲ以テ組織ス」（第三十四条）とあり、

「衆議院ハ選挙法ノ定ムル所ニ依リ公選セラレタル議員ヲ以テ組織ス」（第三十五条）とある。

これで、ようやく議会制度が始まることになるが、憲法発布と同日に議員法、貴族院令、衆議院議員選挙法なども公布された。

この衆議院議員を選ぶ選挙権は、直接国税十五円以上を納める二十五歳以上の男子のみに与えられると規定されている。貧乏人は国政に参加する資格なし。女性もまた然り、ということである。「貧乏人も女も、国政に口出しするな」ということか。

（＊1）グナイスト：ハインリッヒ・ルドルフ・ヘルマン・フリードリッヒ・フォン・グナイスト。一八一六年六月十三日生まれ。プロイセン時代のドイツの法学者（国法学）、政治家、ユダヤ系ドイツ人。大日本帝国憲法の制定に当たり、「内閣」「内閣総理大臣」の規定に関し伊藤博文に強い影響を与えたといわれる。

第一回総選挙・通常議会始まる

翌明治二十三年（一八九〇年）、大日本帝国憲法と衆議院選挙法による第一回の総選挙が行われた。

この総選挙は、前述したように極端な制限選挙であった。

選挙権は直接国税十五円以上を納める二十五歳以上の男子に限られ、該当者は四十万人程度で、総人口四〇〇〇万人のわずか一パーセントに過ぎなかった。

全国のほとんどの選挙区は一人一区で、三〇〇の小選挙区に分かれていたが、各区の有権者平均は一〇〇〇人余りで、対立候補がいて票が割れたり棄権者も出るから、代議士は数百票ないし数十票というほどの票を獲得すれば当選できた。

投票人は住所氏名を明記し、実印を押すことになっていたから、誰が誰に投票したかはすぐにわかる仕組みになっている。

こうして第一回の総選挙は七月に実施された。自由党は諸派合同による再建が間に合わず、愛国公党、大同倶楽部、大井憲太郎らの自由党三派に分かれたままで選挙を闘った。これに九州の民権家たちの九州同志連合会を加えて、暫定組織のままで多数の候補者を立てた。


七月一日の投票結果は左の通りであった。

自由党系が合計一三八、改進党四十六、保守系二十二、無所属その他が九十四であった。

民権派の大勝利であった。

ただし民権派といっても、代議士の多くは一〇〇町歩以上の大地主であった。

選挙から議会の招集まで五カ月近くもあり、その間に政党の整理が進んだ。自由党の再結集は既定の事実になっていたが、八月に入り改進党系が加わらないことが確定したところで、両派別々に院内団体となる体制が決まった。

この後も所属の変動があって、議会開会時の勢力分野は、立憲自由党一三〇、立憲改進党四十一、大政会（保守系）七十九、国民自由党五、無所属四十五、ということになった。

議会は十一月二十五日に招集され、二十九日に開会された。

貴族院は初代議長に伊藤博文が決まっていたが、衆議院では最初の日の朝から晩までかかって、議長・中島信行、副議長・津田真道になった。

この年、十月三十日、「教育ニ関スル勅語」（教育勅語）が発布された。これは国民の道徳規範を、皇祖皇宗の遺訓と称して天皇が国民に教示するもので、強い強制力を伴ったものであった。太平洋戦争の終戦（敗戦）まで、日本の道徳教育の規範となった。

自由党の分裂・星亨の登場

明治二十四年（一八九一年）になって、前年から続いている通常議会で民党が政府提出予算を七八八万円も削減したため、政府は不同意を唱え、議会にどこまで修正権があるかという争いになった。

政府は準与党の大政会（総選挙後に出来た政党で議員数は七十九名）に、「議決確定前に政府の同意を要する」との決議案を出させると同時に、自由党に近い後藤象二郎、陸奥宗光の二閣僚を通じて竹内綱など土佐派を切り崩し、二月二十日の本会議で二十八票を裏切らせ、二票差で辛うじて勝った。

中江兆民はアルコール中毒のためと称して、評決には加わらなかったが、

「衆議院は腰を抜かして尻餅をつきたり、やみなん、やみなん」

とののしって、翌二十一日に辞表を提出した。

土佐派が脱党したあとの自由党を牛耳ったのは、欧米帰りの星亨《ほしとおる》*1であった。

星の指導下で立憲自由党が三月十九日、二十日に大阪で大会を開くのだが、星は西下す

る前から、脱党中の板垣を総理に担ぐ秘策を立て、板垣の内諾も得ていた。板垣だけでなく、土佐派全部を連れ戻そうと考えていたのである。

さらに星は、立憲自由党が府県代表からなる常議員で運営されていたのを改組し、総理と議員団の権限を強化しようとした。政治運動団体から議員政党への脱皮を目論んだのである。この星の狙いは、ことごとく図に当たることになる。

星の指揮下に入った自由党は、十一月からの第二通常議会政府提案の軍事予算をすべて拒否する。

これに対し、樺山資紀海軍大臣が、

「明治四年以来、内外の多難を排し来たりしは……全く薩長政府の功なり」

と暴言を吐いたので、議場は騒然となり、翌日の反政府系の新聞も一斉に筆を揃えて攻撃した。

自由党議員らは連名で詰問状を政府に突きつけた。松方内閣はついにたまらず、十二月二十五日、最初の解散権を行使した（山縣内閣は第一議会終了を機として四月一日に総辞職していた）。

（＊1）星亨：嘉永三年（一八五〇年）四月八日、江戸築地の小田原町で左官屋佃屋徳兵衛の子として生まれる。父は金遣いが荒く、倒産して行方不明となり、母・松子が髪結いや下女奉公に出て生計を立てた。のち母が浦賀の医師・星泰順と結婚したので星姓を名乗った。

維新後に横浜税関長となり、のちに渡英して弁護士資格を取得した。明治十五年（一八八二年）、自由党に入り「自由新聞」により藩閥政府を批判し、翌年には「福島事件」で河野広中を弁護した。明治十七年に官吏侮辱罪の罪を問われた。明治二十年、保安条例発布で東京を追われた。さらに翌年には出版条例違反で入獄している。

しかし、これらの苦難にもめげず、明治二十五年の第二回総選挙に当選し、衆議院議長となった。第四次伊藤内閣で逓信相になったが、この時は東京市疑獄事件で辞職している。

明治三十四年、伊庭想太郎に刺殺された。

第二回総選挙に政府が大干渉

明けて明治二十五年（一八九二年）は、総選挙に対する政府の大干渉で幕をあけた。

この第二回総選挙は死者二十五名、重傷者四〇〇名という空前絶後の流血選挙となった。

その原因は、内務大臣の品川弥二郎と次官の白根専一が地方長官等を督励し、「天皇の政府に反抗する不埒の議員を二度と議場に返すな」と命じたためである。このため地方長官や警察が武力をも行使して吏党（政府系政党）を後援して民党を弾圧したので、多くの死傷者が出た。

こうした干渉にもかかわらず、二月十五日の投票では、自由党九十四人、改進党三十八人が当選し、吏党を圧倒した。

この大干渉に対しては民党だけでなく枢密院や貴族院などからも批判が強く、二月二十三日、伊藤枢密院議長は官憲の処分を主張して辞表を提出した。責任者・品川弥二郎内相は三月十一日に辞職し、後任には副島種臣が任命された。

衆議院は五月十四日、選挙干渉問責決議案を可決したので、政府は七日間の停会で報復しただけでなく、同二十一日には在京の民党系壮士一四三人に、保安条例による東京からの退去を命令した。

民党は停会が解けると、予算を大削減することで政府に立ち向かった。

二十五年度予算は通常国会が解散されたので成立しておらず、これを成立させるための後に開かれた臨時議会で、再び政府は窮地に陥った。

しかし、今回は貴族院が政府を助けた。

貴族院は予算案を復活修正して衆議院に送り返した。そのため両院の予算案に関する権利をめぐって争いが始まったが、ついには天皇が両院対等との勅裁を下した。

こうして松方内閣は、辛うじて第三特別議会を乗り切った。

松方内閣は七月十四日、河野敏鎌を内務大臣に任命した。

その河野内相が独自の選挙大干渉善後処置として、まず白根専一内務次官の首を切り、また安場保和福岡県知事ら地方官吏を更迭したところ、高島陸相、樺山海相が、その処置に反対して二十七日に辞表を提出した。

松方首相も三十日、閣内不統一を理由に辞職し、後任には伊藤博文を推した。

伊藤は当初、これを拒んだ。だが、勅命と元老の強い説得により、元勲総揃えを条件に八月三日に組閣を承諾した。

八月八日、山縣ら元総理級大物を平大臣に並べる超大型内閣が成立し、「元勲内閣」と呼ばれた。

条約励行で議会もめる

翌年（明治二十六年）も、政府と議会の攻防で始まった。

第四通常議会は、伊藤が詔勅で製艦（軍艦建造）予算を認めさせるという超奥の手を使って切り抜けたが、第五議会では政局は予想外の展開をみせた。

詔勅に屈服して予算を通した星亨の自由党が政府に接近したのに対し、従来は吏党だった保守派国権主義者が反政府化するという厄介な局面となった。

そのきっかけは、条約改正問題である。

伊藤は腹心の陸奥宗光を外相に起用し、陸奥は内地雑居と引き替えに領事裁判を廃止する方針で臨んだが、この内地雑居が、これまで政府党だった国権主義者の癇に障ったのである。

これに旧大成会の安部井磐根と、国民協会の佐々友房が絡んできた。国民協会というのは、西郷従道や品川弥二郎の後援で、二十五年の六月に出来た政府御用党のようなものだが、そのバックにいる山縣の息がかかっていて、伊藤の路線とは歩調が合っていなかった。

これに星亨の自由党から離脱して東洋自由党をつくっていた大井憲太郎が加わり、右派と左派が連合して、「大日本協会」が出来上がった。

彼らは内地雑居反対、現行条約励行を提唱し、改進党もこれに同調したので自由党は孤立した。

十一月二十五日の自由党大会は条約改正を決議したが、第五議会が始まると、収賄事件に絡めて星議長の不信任案が可決された。

その名をもじって「押し通る」とあだ名された剛直な星は、「議長は議会の任命にあらず」

（天皇の決裁事項）とうそぶいて居すわり続けた。
衆議院はさらに不信任上奏決議を行った。これに天皇も絡んで収拾のつかない状態になったが、結局、星を除名し議員資格を奪うことでケリがついた。後任には楠木正隆が選ばれた。

駐独兼駐英公使・青木周蔵によって交渉を詰めていた政府は、議会がそれを妨害することを極度に恐れていた。

イギリスとの交渉経過をにらみながら作戦を練っていた伊藤は、何度目かの停会（十四日間）と合わせて、国民協会の解散を命じた。

だが、十二月三十日には、ついに衆議院を解散する決意を固めた。これは議会史上、第二回目の解散である。

こうして、明治二十七年の春に選挙が行われることになった。

第三回総選挙・第六特別議会もめる

前年（明治二十六年）末の解散により、またも衆議院議員総選挙が行われた。

さすがに今回は、前選挙の時ほどの露骨な干渉はなかった。だが、与野党関係が複雑になって激しい選挙戦になった。

三月一日の投票結果は、硬的外交を唱える条約改正派の方が条約励行派を上回った（ただし、このことは、党派の数え方が難しいため、後になって判明した）。

五月十二日に第六特別議会が招集されると、前年末の政府の処置（停会中に解散を宣告）はけしからんと、政府弾劾決議案が次から次へと出てきた。

政府と実質手を握っている自由党まで、体裁を装うために弾劾決議案を出すなど混迷を極めたが、結局対外硬派の主張も盛り込んだ政府弾劾上奏案が可決された。

政府が窮地に陥っていた最中の六月二日、朝鮮「東学党の乱」が重大化し、朝鮮政府が清国に出兵を求めた旨の報告が、朝鮮駐在の杉村濱代理公使から入ってきたため、政府は戦争に持ち込めば国内世論は何とかなるとばかりに喜んだ。

清国の出兵に対抗して混成一個旅団を朝鮮に派遣することを閣議で決定し、それと同時に衆議院の解散も行うことにした。

ところが六月二日、さきの上奏決議は採用できないと宮内大臣から伝達があり、続いて衆議院解散の詔勅が出た。

第六章　日清戦争と議会運営

日清戦争勃発

東学党の乱を鎮圧することを名目に、清国と日本はそれぞれ朝鮮に出兵した。

日本は武力を背景に明治二十七年（一八九四年）七月十日、朝鮮の内政改革案を朝鮮政府に突きつけ、七月二十日には、それを最後通牒に切り替え、期限の切れた二十三日には朝鮮王宮を武力で占領した。

さらに七月二十五日の朝、仁川に向かう日本軍艦と清国増援兵輸送の護衛に向かう清国軍艦とが豊島沖で砲撃を交わし、事実上の戦争状態に入った。

続いて七月二十九日、陸軍が成歓を占領し、三十日には牙山を占領した。

八月一日に遅まきながら宣戦布告した後、陸軍の戦線は北に移っていく。

清国が一万余の増援兵を送り込んできて、平壌を占領し保塁を築いた。

日本は第一軍（司令官：山縣有朋）を編成し、平壌を目指して進撃した。

そして九月十五日、平壌総攻撃を開始。清国軍は包囲されたが戦意がなく、その日のうちに白旗を揚げた。

日本軍は翌十六日、無抵抗のなか入城し、平壌を占領した。

翌十七日、黄海会戦が始まった。

日本の連合艦隊が、あの清国が誇る北洋艦隊に真っ向から戦いを挑み、三艦を撃沈、定遠、鎮遠などの精鋭艦にも大損害を与えた。

これら平壌占領と黄海海戦で日本有利の態勢になったが、これ以後戦争は朝鮮を離れて清国領に移っていく。

第一軍は十月下旬に鴨緑江を越えた。

同じ頃、新たに編成された大山巌大将の第二軍は、遼東半島の花園口に上陸し、十一月六日に金州を、十一日には旅順港を占領した。

これは我が国が初めて経験する本格的な対外戦争であるが、うち続く勝利に国民は狂喜した。「シナ」が軽蔑の意味を込めて使われるようになったのはこの頃からである。

条約改正に成功

第二次伊藤内閣の陸奥宗光外相は、条約改正の最重要ポイントを、イギリスから対等条約を勝ち取ることに絞り込み、前外相・青木周蔵を駐英公使に任命して交渉を続けていた。

それが、この年になってようやく煮詰まってきた。

これは、一つには朝鮮をめぐる清国と日本の紛争を見て、日本の方が清国よりロシアの進出を阻止する力があると判断したことにもよる。

そのため、イギリスは日本に好意を持ち始めていた。

そして、七月十六日、ついに日英通商航海条約と付属議定書、付属税目がロンドンで調印された。領事裁判権が廃止されて法律上の平等が実現し、関税率も引き上げられた。この法律は七月二十七日付で勅令によって公布されている。

十一月二十二日、アメリカとの間にも同様の条約が調印され、そのあと続々と関係諸国との間に新条約が結ばれた。


六月に衆議院が解散したため、またもや総選挙が行われた。

だが、今回は日清戦争が始まっていたので、政府攻撃の気勢は上がらず、続く第七臨時議会は日清戦争の大本営が置かれている広島で開かれたが、さすがの野党もおとなしく、波乱のないまま幕を閉じた。

日清戦争はアメリカが仲介に立つとの意思表示があり、十一月十二日、講和のための基本的条件が提示されて始まった。

清国は、講和全権委員に張蔭桓らを任命したとアメリカを通じて通告してきた。

翌明治二十八年、張蔭桓らが来日し、日本の全権委員に任ぜられていた伊藤首相と陸奥外相と二月一日、広島で会見した。

しかし、当日交換した全権委任状に不備があり、伊藤と陸奥は、二月二日の会談で、この不備な委任状では講和会議に入れないと宣告して会議を打ち切った。

ところが、伊藤や陸奥の本心は、今はまだ戦争をやめる時期ではないというところにあったようである。清国の講和交渉と同時に休戦したいという清国の要請は、すでに拒否されていたのである。

前年中に遼東半島の要衝を押さえていた第二軍（大山大将）の主力が一月二十日に上陸し、威海衛軍港を陸側から攻め、二月二日にこれを占領した。

海軍はどうしたか。威海衛港の奥深くに潜んでいた北洋艦隊主力を水雷艇で攻めたてたので、力尽きた水師・丁汝昌《ていじょしょう》は二月十二日に降伏し、部下の助命を乞い、自らは毒をあおって自殺した。

丁汝昌の自決は日本国内でも大きな話題を呼んだ。

南満州の海域まで進出していた第一軍は、清国軍の反撃を退けたのち、三月五日には牛荘を占領した。

一方、有栖川宮熾仁親王の後任として、一月二十六日付で参謀総長に就任していた小松宮彰仁《あきひと》親王を三月十六日付で征討大総督に任命し、特に勅語をもって全軍の指揮権を与えた。

下関講和条約が成立

広島の講和談判が不調に終わったあと、清国は交渉の全権に李鴻章を送ることを決定した。三月十九日（明治二十八年）、李は新たな交渉場所である下関に到着した。日本側は前回と同じく伊藤と陸奥で、三月二十日に第一回会談が開かれた。

ところが、同二十四日に李鴻章が狙撃されるという事件が起き、慌てた日本が休戦を承認することになった。

そして同三十日、まず休戦条約が調印され、次いで四月十七日、日清講和条約が調印された。この講和条約は、朝鮮独立、遼東半島、台湾、澎湖《ほうこ》列島の割譲、賠償金二億両《テール》支払が主な内容であった。

ところが四月二十三日、独・仏・露三国の公使がそれぞれ外務省の林董《ただす》次官を訪れ、遼東半島を清国に返還するよう要求した。

紆余曲折したが、五月四日の閣議は同半島の全面放棄を決議、十日、遼東半島還付の詔書が出された。報償金三〇〇〇両をともなう還付条約が十一月八日に調印された。

一方、日本への割譲が決まった台湾であるが、海軍大将・樺山資紀が五月十日付で台湾総督に任命された。

また、軍事的抵抗が懸念されたので、北白川宮能久《よしひさ》親王が率いる近衛師団が送られることになった。

現地では清国将軍・唐景崧《とうけいすう》を総統とする台湾民主国が、五月二十五日に成立したが、日本軍が台湾北部に上陸し、六月七日に台北を占領した時には、唐景崧は本国に逃亡してしまっていた。

しかし、現地人の抵抗は強かった。日本は大連にいた第二師団などを新たに投入した。台湾民主国の南部防衛の首領・劉永福《りゅうえいふく》が十月十九日に廈門《アモイ》に逃亡し、やっと一段落した。

朝鮮でも異変が起こった。前年就任した井上馨公使が一時帰国中であった時の七月六日に、閔妃《びんひ》（李氏朝鮮第二十六代王・高宗の妃）が親日派を追放するクーデターを起こした。

日本政府は宮中顧問官・三浦梧楼《ごろう》を公使に任命した。三浦は、京城にたむろする日本人壮士と組んで、十月八日、大院君を擁してクーデターを起こし、閔妃を殺してしまった。

驚いた日本政府は三浦公使を召喚し、小村寿太郎[*1]を後任の公使に任命して事態の収拾に当たらせねばならなかった。

翌明治二十九年になって、朝鮮国王は二月十一日、女官の御輿《みこし》に乗り、警備の隙を狙ってロシア公使館に逃げ込んだ。王を失った親日派の金弘集《きんこうしゅう》総理大臣、鄭乗夏農商工部大臣は惨殺され、さらし者になった。

新政府はロシア公使館内に置かれ、京城はロシアの勢力が強まり、日本の勢力は一掃されそうになった。

その時、開会中の第九通常議会で二月十五日、衆議院に提出されていた国民協会の朝鮮に関する内閣弾劾決議案が上程されたが、内閣は十日の休会をもってこれに応じた。ところが休会中に国民協会が態度を変えたため、弾劾案は否決された。

二月二十一日に山縣有朋が特派全権大使に任命され、ロシア皇帝ニコライ二世の戴冠式に出席した。日本の狙いは、この機会にロシア政府と朝鮮問題を話し合うことであった。山縣がロシア外相ロバノフと交渉に入ったのは五月二十四日であった。

これより早く五月十四日に、朝鮮で日本の小村公使とロシアのウェーバー公使との間で覚書《おぼえがき》が調印され、国王の王宮帰還問題などにも一応の解決を見た。

また、清国もペテルブルグで李鴻章とウィッテとの交渉が進み、一足早く六月三日に条約と密約が結ばれた。
山縣とロバノフの交渉は、六月九日ようやく決着した。調印された議定書には、朝鮮財政の共同支援、軍隊創設、電信線管理などが取り決められていた。

（＊1）小村寿太郎：安政二年（一八五五年）、日向（宮崎県）の生まれ。明治八年、文部省貸費留学第一回生として渡米、ハーバード大法律学部を卒業。同十七年外務省に入り、政務局長、外務次官などを務め、対清、対朝鮮外交に当たる。第一次、第二次桂内閣の外相となり、同三十五年、日英同盟を結ぶ。日露戦争のポーツマス講和会議では全権を務めた。同四十三年、韓国併合を実施。同四十四年、日米通商航海条約の改正に成功、関税自主権を回復した。侯爵。同四十四年十一月二十六日死去。満五十六歳。

議会運営の変転続く

かねて伊藤内閣との提携を深めていた自由党は、四月十四日（明治二十九年）に同党総理の板垣退助を内務大臣として入閣させ、公然と伊藤内閣の与党となった。

ところが伊藤は内閣を強化するため松方正義と大隈重信を入閣させようとしたが、板垣が大隈の入閣に強硬に反対し、松方も単独で入閣するのを拒否した。構想が破れた伊藤は、八月二十八日、辞表を提出した。榎本農商務相を除く他の閣僚も、二日後に辞表を提出した。

八月三十一日、枢密院議長・黒田清隆が臨時に首相を兼ね、伊藤首相と渡辺蔵相らの辞表を受理し、他は却下した。

九月十八日、松方正義が首相兼蔵相に任命されて、第二次松方内閣が発足した。

九月二十二日には大隈が外務大臣に就任、「松隈《しょうわい》内閣」と称されることになった。

十一月一日、進歩党（立憲改進党が立憲革新党や中国進歩党と合同して出来た新党）は、党大会で松方内閣との提携を決議した。

この年六月に、三陸地方で四〇〇キロにわたり大津波が襲い、死者二万七一二二人、流失破壊家屋一万三九〇戸が喪《うしな》われ、津波の被害としては空前のものであった。政府の対策は遅れがちのため厳しい批判を浴びた。

また、八月末から九月にかけて暴風雨が相次ぎ、大きな被害を出した。

不思議なことに、旧幕時代の堤防が無事なのに、明治になって新技術で築かれたはずのものが多く決壊し、識者の関心を呼んだ。

また、この年、赤痢による死亡者が二万二〇〇〇〇人を超え、腸チフスによる死亡者も九〇〇〇人を超えるなど、大変な災難の年であった。

進歩党と亀裂・松方内閣崩壊

前年九月に成立した第二次松方内閣がこの年（明治三十年）も引き続き政権を担当していたが、足尾鉱毒事件の責任をとって、三月に農商務相の榎本武揚が辞職したため、大隈重信が兼務することになった。

しかし、その大隈も彼の率いる進歩党と内閣との亀裂が決定的になったため、十一月に辞任し、第二次松方内閣はこの年末に崩壊した。

その経緯を見てみると、十月二十二日に進歩党が同党常議院会で決議した内閣改造、台湾統治方針変更などを松方首相に要求したが、松方はこれを拒否したため、同三十一日、進歩党代議士総会は松方内閣との絶縁を決議した。

十二月二十五日、衆議院は内閣不信任を上程したのに対し、松方は解散権発動で対抗したが、その後自信を喪失したのか辞表を提出し、解散を命じた内閣が総辞職するという異例の事態となった。

十二月二十九日、伊藤博文に組閣命令が出された。

足尾鉱毒事件の実態

この鉱毒事件の実情を詳しく述べておきたい。

前年九月の大洪水で、足尾銅山下流の渡良瀬川流域に鉱毒をたっぷり含んだ土砂が堆積した。そのため田畑の作物をはじめ樹木・竹藪の類まで死滅するという惨状を呈した。

折から、現地農民と鉱山主・古河市兵衛との間に進んでいた示談は一挙に吹っ飛び、農民は鉱業停止の要求一本に切り替えた。

しかし、当時のマスコミの熱意があまり強くなかったためか、国民の意識は低く、加うるに古河側の強烈な逆宣伝も働いて、農民が些細な被害を種に不当な賠償要求をしているのではないかと思う人も多かった。

鉱毒問題追及に意欲的であった田中正造代議士が、事件便乗の山師にされるような状態であった。

だが、農民側の代表は、これに屈せず、東京の新聞社に働きかけた。

それに応えて、一月に毎日新聞、読売新聞、国民新聞などの記者九名が、五日間にわたって現地を視察するという画期的なことが起こった。

世論がやや好転したことに力を得た農民は、明治三十年（一八九七年）三月三日、徒歩で大挙東京を目指し、館林、佐野、古河などで警官隊に阻止されたが、それを潜り抜け東京に約八〇〇人が結集した。

五日には代表六十五人が農商務大臣・榎本武揚に面談したが、榎本は涙を浮かべて被害の状況を聞いたという。

三月二十日には、西南戦争の熊本城攻防で有名になった谷干城が被害地を視察した。その惨状に心底から驚き、それを歌に託して農民に渡したという。

次いで二十三日には榎本農商務相が現地を視察し、あまりの悲惨さに驚き、帰京して後辞職した。

勝海舟は二十七日付けの「毎日」に談話を載せ、皮肉交じりに旧幕時代の採掘に比べ、今日の採掘が大がかりにもかかわらず、その安全性に対する仕掛けに欠けていることを指摘した。

政府は、五月二十七日に至って古河鉱業に鉱毒予防工事命令を出した。坑内水は一切流出させない。足尾町の南部に沈殿池を新設するなど、三十六項目に及ぶ厳しいものであった。

だがいくら厳しいものであっても、予防工事命令と停止命令とでは本質的に違う。被害はやまず、抗議を続ける農民に対する過酷な弾圧が繰り返されたという。以後も田中正造らの苦しい闘いが続くことになった。

この年、社会主義運動の始動があった。

樽井藤吉、中村太八郎、西村玄道らが四月三日、「社会問題研究会」を結成し、学者、政治家、新聞記者、牧師ら多数が参加して毎月例会が開かれるようになった。これが七月五日の「労働組合期成会」の発会につながっていく。

また十二月一日、片山潜《せん》を主筆とする『労働世界』が創刊された。

第三次伊藤内閣の成立

前年（明治三十年）の年末に組閣命令を受けた伊藤内閣は、進歩党の大隈と自由党の板垣に入閣を要請した。

だが、両党の猟官要求があまりに過大であったため、交渉を打ち切り、一月十二日に政党勢力抜きで第三次伊藤内閣を発足させた。

しかし、伊藤首相は自由党との提携をあきらめきれず工作を進めていた。

板垣自由党総理を入閣させようとしたが、四月十三日の閣議で井上馨蔵相が強く反対したために断念せざるを得なかった。

これに先立つ三月十五日、前年末に松方内閣によって解散させられた衆議院の第五回総選挙の開票結果が出た。自由党九十八、進歩党九十一、国民協会二十八であった。

第十二回特別議会は五月十四日に招集されたが、自由党と進歩党の合同気運が高まり、両党の交渉委員が集まり合同することを決めた。

六月十日には両党提携して地租増徴案を衆議院本会議で否決したため、伊藤内閣は衆議院を解散した。

進歩党と自由党は六月二十二日に合同して憲政党をつくった。

伊藤首相は元老院で民党合同に対抗するため政党を組織することなどを提案したが、山縣の反対で潰された。伊藤は五月二十四日に辞表を提出、後継首相に大隈と板垣を推した。六月二十七日、大隈と板垣に組閣命令が下され、同三十日、大隈首相兼外相、板垣内相の第一次大隈内閣が誕生した（隈板《わいはん》内閣）。

この内閣のもとで行われた八月十日の第六回臨時総選挙で、与党の憲政党が二六〇名と大躍進を遂げた。

だが、旧進歩党系と旧自由党系の確執は依然として強く、八月二十一日の尾崎行雄文相[*1]

の共和演説[*2]も絡んで大分裂を引き起こした。

この共和演説が政治問題化したので、大隈首相の要請で、尾崎は十月二十四日に辞表を提出した。

ところが、後任文相をめぐって閣議が紛糾、大隈が独断で犬養毅《いぬかいつよし》[*3]を文相に要請した。これに憤って二十九日、板垣内相以下三名の閣僚が辞表を提出し、さらに同日、旧自由党系だけで憲政党の解散を決め、新しい憲政党の結成を決めた。

大隈首相ら旧進歩党系も十月三十一日に辞表を提出、これで大隈内閣は崩壊した。

旧進歩党系も同名の憲政党を結成しようとしたが、板垣内相に止められ、やむなく「憲政本党」を名乗ることにした。

次の総理大臣には山縣有朋が任命され、十一月八日、第二次山縣内閣が発足した。

しかし、山縣も政党を無視できず、同三十日に旧自由党系の憲政党代議士を招いて茶話会を開催し、憲政党との提携が成立したとの声明を出した。

どうも、各議員が議会運営にまだ慣れてないためか、頻繁に政党の結成・離散・合同が行われている。また、総理大臣をはじめ閣僚（大臣）の辞任・辞職が安易に行われているように思える。

大日本帝国憲法では、天皇に文武官の任免権がある。総理大臣も例外ではない。これが心理的に作用しているのだろうか。昭和憲法では衆議院議員の互選で最も得票数が多かった総理立候補者が総理大臣に選ばれ、この総理大臣がその他の閣僚大臣を選ぶことになっているのと、基本的に大きな違いがある。

この年、中国では九月二十一日に戊戌《ぼじゅつ》の政変が起こり、西大后が実権を握ったので、改革を進めていた康有為や梁啓超らが失脚し、亡命先を探していた。

大隈首相兼外相は、香港領事らに康有為らを保護せよと訓令した。

康は十月二十五日に神戸に到着したが、すぐに大隈内閣が崩壊したために亡命手続は難航した。

（＊1）尾崎行雄：安政五年（一八五八年）十一月二十日、相模国津久井県又野村（現・神奈川県相模原市緑区又野）に生まれる。

明治二年（一八六九年）に国学者・平田篤胤《あつたね》の娘婿・鉄胤《かねたね》の開いた平田塾に学び、次いで高崎に引っ越したのち地元の英学校で英語を学んだ。明治七年に弟と上京し、慶応義塾童児局に入学するや塾長の福沢諭吉に認められ、十二級の最下級から超スピードで最上級生になった。明治八年に聖公会のカナダ人宣教師・A・C・ショーよりキリスト教の洗礼を受ける。その後、執筆や講演をやりながら、様々な職業を経験するが、明治十五年、報知新聞の論説委員になり、立憲改進党の創設に参加するが、大隈重信の奇妙な脱党に不審を抱いた。翌年、政府の条約改正案に対し強い反対運動が起こると、彼は反欧化主義の急先鋒となった。クーデター

を計画立案したため明治二十年、保安条例により東京からの退去命令を受けている。

明治二十三年の第一回衆議院議員総選挙に出馬し当選。以後六十三年間に及ぶ連続二十五回当選という記録をつくり、「憲政の神様」、「議会政治の父」と呼ばれるようになった。衆議院名誉議員、東京都名誉都民、世界連邦建設同盟（現・世界連邦運動協会）初代会長、勲一等旭日大綬章（一九四六年返上）。


（＊2）共和演説事件：第一次大隈内閣（〝隈板内閣〟）の文部大臣・尾崎行雄が明治三十一年八月二十一日に行った演説が問題となり、内閣瓦解の発端となった事件。

尾崎は同日、帝国教育会で行った演説の中で「世人は米国を拝金の本元のように思っているが、米国では金があるために大統領になったものは一人もいない。歴代の大統領は貧乏人の方が多い。日本では共和政治を行う気遣いはないが、仮に共和政治がありという夢を見たとしても、おそらく三井・三菱が大統領の候補者となるであろう。米国ではそんなことはできない」と発言した。この発言の趣旨は当時蔓延していた財閥中心の腐敗した金権政治の風潮を批判したものであって、尾崎に他意はなかったと思う。


ところが当時の日本では、これが「不敬の言」であると曲解され、まず天皇至上主義の宮内省から批判の声があがり、初の政党内閣である〝隈板内閣〟に批判的な枢密院、貴族院に非難の声が広がった。さらに与党憲政党内の旧自由党系の星亨が、陸軍大臣・桂太郎らとひそかに連携し尾崎を排除しようと企んだため、〝隈板内閣〟を嫌っていた伊藤博文の盟友・伊東巳代治が社主であった東京日日新聞も尾崎攻撃を始めた。

尾崎は九月六日、参内して明治天皇に謝罪したが、翌十月二十二日に天皇から不信任の意向が伝えられたため、余儀なく辞任した。

（＊3）犬養毅：安政二年（一八五五年）四月二十日、備中国賀陽郡川入村（現・岡山県岡山市北区川入）で大庄屋・郡奉行を務めた犬飼源左衛門の次男として生まれる（のち「犬養」と改姓）。父は「水荘」と称した庭瀬藩郷士であったが、毅が二歳のときにコレラで急死する不幸に見舞われたため、生活はかなり苦しかったという。

明治九年（一八七六年）に上京して慶応義塾に入学、また漢学塾・二松学舎では三島中洲《ちゅうしゅう》に漢学を学んだ。慶応義塾在学中に、郵便報知新聞（のちの報知新聞）の記者として西南戦争に従軍した。のち慶応義塾卒業前に正式に同社の記者となった。統計院権小書記官を経て、明治十六年、大隈重信が結成した立憲改進党に入党し、大同団結運動などで活躍する。『日本及日本人』などで軍閥、財閥批判を展開した。

明治二十三年の第一回衆議院議員総選挙で当選し、連続十八回当選という記録を打ち立てる（これは尾崎行雄に次ぐ記録）。のちに中国地方出身議員と共に中国進歩党を結成するが、進歩党・憲政本党の結成にも参加。明治三十一年の大隈内閣では共和演説事件で辞任した尾崎行雄の後を受けて文部大臣に就任した。大正二年、当時所属していた立憲国民党は首相・桂太郎の切り崩し工作により大幅に勢力を削がれ、以後犬養は辛酸をなめながら小政党を率いることになった。

犬養は政治以外でも、学校長など種々活躍している。遡るが、明治四十年から真の親友である右翼の巨頭・頭山満《とうやまみつる》と共に中国漫遊に出かけている。また、明治四十四年には孫文らの辛亥《しんがい》革命援助に努め、日本に亡命してきた孫文を荒尾の宮崎滔天《とうてん》の生家にかくまったりした。

昭和七年（一九三二年）五月十五日、海軍将校と陸軍の士官候補生の一団がピストルを振りかざして乱入し、「問答無用、撃て！」と叫び発砲した。襲撃者たちは犬養に重傷を負わせてすぐに退散した。犬養は、その日の深夜十一時二十六分に絶命した。享年七十八。

選挙法改正の動き

翌明治三十二年（一八九九年）には、年初から選挙法改正の動きがあった。

まず、渋沢栄一や大倉喜八郎らの実業家が、一月九日に「衆議院議員選挙法改正期成同盟会」を結成した。

続いて、政府が二月八日、市を独立選挙区とし、納税資格を引き下げて無記名投票とするなどの内容の衆議院議員選挙法改正案を議会に提出したが、貴族院と衆議院の修正意見が対立して成立せず、次期議会に再提出することになった。

このため民間での選挙法改正の運動も活発になり、十月二十日には東京に「普通選挙法同盟会」が結成された。

また、第十四通常議会が開かれると、十一月二十日に「選挙法改正全国各市連合会」が出来て、市を独立選挙区とすることを要求した。

さらに十二月十二日には、大倉喜八郎を委員長とする「衆議院選挙法改正全国商業会議所連合委員会」が組織された。

政府の改正法案の再提出は十二月十六日に行われた。

この年、前年に発足した第二次山縣内閣は、一方で政党との提携を求めながら、一方で政党の力が官僚機構を侵食しないよう対抗処置に腐心するという状況であった。文官任用令を改正し勅任官任用規定を設けて政党の猟官活動を防止した。

これ以後、山縣系官僚と政党との間で、政府機構の運用をめぐる争いが続くことになる。

改正条約実施と雑居問題

五年前に調印された日英通商航海条約をはじめとする新条約が、この年七月十七日から実施された。

その当日、皮肉なことにアメリカ人船員のミラーという男が日本人および外国人合わせて三人を殺害し、内地雑居後の外国人犯罪第一号となった。

横浜地裁は毅然と死刑の判決を下した。ただ、改正条約実施時に未決のまま残っていた事件については、五月三日の日英議定書により、判決まで領事裁判権が存続することになった。

八月、帝国ホテルをはじめ、各地で改正条約実施祝賀会が催された。

義和団の乱が諸国との戦争に発展

数年前から広がっていた義和団の乱が、ついに諸外国との戦争に発展した。公使館員などを保護するために北京に兵を送った諸外国に対し、清国が宣戦布告した。

次第に勢力を増した義和団が、北京・天津といった清国の中枢部を横行するようになった。

青木周蔵外相は明治三十三年（一九〇〇年）五月三日、駐清公使の西徳二郎に、義和団に関し欧米諸国と共同の処置を取るよう訓令した。

五月二十日、北京駐在十一カ国の公使団会議は清国に対し、速やかに鎮撫するよう要求した。しかし情勢はさらに険悪化し、六月八日、北京―天津間の鉄道が破壊され、二十日には北京の各国公使館が義和団に包囲された。さらに二十一日には清朝が北京出兵の八カ国に対し宣戦布告する始末であった。

日本政府は七月六日の閣議で混成一個師団（約二万二〇〇〇名）の派遣を決定し、この日本軍を主力とする連合軍が北京城内に侵入した。

その前に、日本軍の大量増派によって態勢の整った連合軍は、七月十四日、まず天津を占領。統治権を掌握し、八月四日に北京に向かった。

北京に総攻撃を開始すると、光緒帝・西太后らは山西省の太原に逃亡した。

代わって市内に入った連合軍は、略奪狼藉の限りを尽くしたという。その中で日本軍の規律が比較的厳正であったといわれているが、これはどういうことであろうか。

新たに仲間入りしたヨーロッパ的国際社会で優等生でなければならないという意識が強かったためであろうか。


前年末に政府が議会に再提出していた改正衆議院議員選挙法は、三月二十九日に公布された。資格を直接国税十円以下に引き下げ、一府県一選挙区の大選挙区制にしたが、人口三万以上の市は独立選挙区とし、単記無記名投票にするなどが規定され、議員総数は三六九となった。

教育総監部条例が改正公布

教育総監部条例が四月二十四日に根本的に改正、公布され、当該総監部は参謀本部、陸軍省と並んで天皇に直隷することになった（教育総監部とは、教育制度の行政機関ではない）。

次いで五月十九日には陸軍省の官制が改正され、軍部大臣（陸軍大臣・海軍大臣）は現役の大将および中将に限ることになった。

軍部大臣の進退問題を利用すれば、軍部が内閣の死命を制することができるようになったということである。

どうしてここまでやらねばならないかという疑問が残る。軍部を重要視し、内閣に信頼を置いていない意向が明らかなようである。

政友会が発足

旧自由党系の憲政党星亨が六月一日（明治三十三年）に伊藤博文と会見し、党首就任を懇願した。伊藤はこれを拒否、新党を組織することを示唆した。

そののち星は、伊藤の新党に無条件で参加することを申し入れた。

それならば、と受けた伊藤は八月二十五日、政友会創立委員会を開き、宣言文および趣意書を発表した。

九月十三日、憲政党は臨時大会を開催し、政友会に参加するために解党することを宣言した。二日後に立憲政友会の発会式が行われた。

伊藤が政友会を結成したのを見て、山縣有朋首相は九月二十六日に辞表を提出し、伊藤と会見して後継首相に就任することを要請した。

急なことで準備の整わないままであり、また腹も立てていたが、受けるほかなく、十月十九日、第四次伊藤内閣が発足した。

二十世紀に入るのは一九〇〇年からなのか、それとも一九〇一年からなのか、あれこれ真剣に考えた人もいたようだが、明治の文明開化のリーダーと自負する慶応義塾では、一九〇一年、すなわち明治三十四年から二十世紀が始まると確信し、一月一日の零時を期して、十九世紀を見送り二十世紀を迎える送迎会を催した。

参加者は五〇〇余名、新講堂の四面に掲げられた風刺的な狂画が面白かったという。塾の創立者・福沢諭吉は体調芳しくなく、送迎会には参加していなかった。

そして二月三日に病没した。六十七歳であった。


政府は北清事変（義和団の乱）の戦費や製艦費補充のため、増税法案を一月二十六日に衆議院に提出。野党憲政本党は賛成を決定したが、党内反対派は脱党して三四倶楽部を結成した（二月十八日）。

衆議院は二月十九日、増税諸法案を可決したが、貴族院が反対に回り、二十五日に委員会で否決して二十七日の本会議にかけたため、政府は十日間の停会命令を出した。

伊藤首相は貴族院を陰で操っている山縣有朋と妥協しようと、元老らと協議したがうまくいかず、ついに三月十二日、貴族院に対し増税法案の成立を命じる勅語を下した。

貴族院は三月十六日、法案を可決し、三月三十日に公布された。

増税諸法は公布されたが、伊藤内閣の先行きは危ぶまれていた。

四月十五日に渡辺国武大蔵大臣が公債依存事業の中止、非募債を主張したので閣議が紛糾した。

伊藤首相は五月二日に閣内不統一を理由に辞表を提出した。

五月十六日、井上馨に組閣命令が出たが、組閣が思うようにいかず、二十三日に辞退を表明した。

元老会議を行い今度は桂太郎[*1]を推薦したので五月二十六日、桂に組閣命令が下り、六月二日に第一次桂内閣が成立した。

頼りなさそうな内閣だと評されたが、これが意外と長持ちし、この内閣で日露戦争を戦うことになる。


その他に、この年、政党腐敗の焦点であると見られていた星亨が、六月二十一日、刺客の伊庭想太郎によって暗殺された。

また、喉頭がんで余命一年半と宣告され『一年有半』を執筆中だった中江兆民も、政友会に対する憎しみと伊庭支持の言葉を書き留めた後、十二月十三日病没した。

（＊1）桂太郎：弘化四年（一八四八年）十一月二十八日に生まれる。毛利家の庶流で重臣であった桂家の出身。戊辰戦争に参加し、その軍功が評価され、賞典禄（明治維新に功績のあった公家や大名・士族に、政府から賞与として支給された禄）二五〇石を受ける。

維新後、明治三年にドイツに留学した。賞典禄を元手にした私費留学であったため、現地での生活はかなり苦しく、ヨーロッパ使節団でドイツを訪問した木戸孝允を訪ね、官費留学生への待遇切り替えを依頼している。木戸は桂の叔父・中谷正亮とは親しくしていたため、桂のために何とかしてやろうと考えたが、木戸が帰国した明治六年の政争の合間に切り替え手続きは行ったが、桂は待ちきれず、十月半ばに留学を打ち切って帰国してしまった。

木戸は陸軍卿の山縣有朋に依頼して桂を陸軍に入れ、桂は大尉に任命された。賞典禄二五〇石を受けた軍歴からすれば佐官級が妥当であるが、山縣が「君が留学中に陸軍の秩序も整って、初任の場合はいきなり佐官にしないことにした。しばらく辛抱してくれ」となぐさめた。これに対し桂は、「秩序と規律は軍の根幹であります。大尉でなく少尉の方が陸軍のためには良かったと思います」と答えたという。以後は山縣の引き立てもあり順調に昇進を重ねた。

日清戦争では名古屋の第三師団長として出征。明治二十九年には台湾総督、第三次伊藤内閣で陸軍大臣になり、第一次大隈内閣と次の第二次山縣内閣でも陸軍大臣を務めた。

日英同盟の締結

明治三十五年（一九〇二年）、日英同盟が成立した。

北清事変の時、ロシアが事実上満州を占領したので、日本のロシアに対する警戒心は一段と高まり、またイギリスの極東に対する不安も一挙に高まった。

前年、清国とロシアが交渉を重ねていたが、日本は横合いから清国に対し、領土を保全するよう強く訴えた。

一方、首相を辞した伊藤博文は、アメリカからヨーロッパへの遊歴計画を立てていたが、できればロシアまで足をのばして、日露協商について話し合いたいと思っていた。

日本の政府関係者の多くは日英同盟が良いと考えていたが、伊藤とその盟友・井上馨は日露協商派で、要は脅威の元となっているロシアと利害の調整をするのがよいという考えであった。

しかし、伊藤がアメリカからヨーロッパに回っている間に、日英間の交渉はどんどん進んだ。

だが、伊藤はあきらめなかった。彼は日本政府に自分がロシアで話し合いをしている間は日英同盟の最終決定をしないように申し入れておいて、露都に急行した。

ところが、これが皮肉なことに日英同盟を促進する結果を招いた。

伊藤がロンドンに来ないでロシアに直行したのを見たイギリスが、日露協商の成立を恐れて、日英同盟の妥結を急いだのである。

こうしてこの年一月三十日、ロンドンで日英同盟が調印された。

その内容の主旨は三つあった。

一つは、イギリスが清国において有する利益と、日本が清国および韓国において有する利益が他の国から侵略された場合、両国はその利益を守るために適当な処置をとるということ。

第二には、そのため第三国と戦争になった時は、締約国は厳正に中立を守る。

第三は、その戦争の相手国がさらに他の国と同盟する場合は、締約国と協同して戦闘に当たるという内容であった。

これは、完全な攻守同盟であり、軍事同盟といえる。

日英同盟のことは、二月十二日の議会で桂首相によって報告された。

二月十三日の「時事新報」によると、実業界はこの同盟を大歓迎したと記載されている。

また、慶応義塾では同盟の成立を祝して二月十四日の夜、炬火（松明）行列を挙行している。

日英同盟は、日本に大きな自信を与えた。ヨーロッパのいかなる大国とも同盟を結ばなかったイギリスが、アジアの一小国と同盟して栄光ある孤立を棄てたことは、少なからず日本の自尊心をくすぐったに違いない。

これで日露戦争の準備ができたといっても過言ではない。

この年、第七回総選挙が八月十日に行われた。これは国会開設以来最初の任期満了による総選挙である。結果は、どうであったか。

初めての選挙に臨んだ政友会が一九〇名で第一党、憲政本党は分裂中で、どう数えるかは難しいが、一〇〇名前後と見なされた。帝国党は十七名である。

こうして、めずらしく任期満了で選ばれた衆議院であったが、十二月二十八日には地租増徴継続に反対して解散させられた。

第七章　日露戦争・国家の命運をかけて

日露開戦前夜・財政問題は……

桂首相は、日英同盟が締結された翌年（明治三十六年）の年初早々に大蔵大臣・曾彌荒助《そねあらすけ》と協議して、地租増徴継続の中止、海軍拡張費には鉄道建設費を当て、鉄道建設費は公債でまかなうとの妥協案が出来、一月二十五日の閣議で正式決定した。

二月二十二日、政友会総裁の伊藤博文は、桂首相や閣僚と会見して政府の妥協案を承認したが、これが後で総裁専断と非難された。

前年末に解散した衆議院は、三月末に第八回総選挙となったが、政友会第一党、憲政本党第二党という体制に変わりはなかった。

桂内閣と伊藤政友会総裁の妥協は選挙後に明らかにされたが、五月八日に招集された第十八回特別議会では、五月十九日の衆議院委員会で政府案は否決され、三日間の停会が宣告された。この停会中に政府と政友会の妥協承認交渉が行われ、五月二十四日の政友会議員総会で妥協案承認という運びとなったのである。

このあと、桂首相は六月二十四日、伊藤博文と山縣有朋を招いて辞意を表明した。両元老のうち一人が首相になることを求めたが拒否され、七月一日、辞表を提出したが却下された。

その間、山縣は伊藤の政友会総裁を辞めさせるために暗躍し、七月六日、天皇が伊藤に枢密院議長就任を要請し、八日には勅書を下した。伊藤はやむなく転身、政友会は伊藤の推薦により西園寺公望[*1]が後任総裁に決まった。

十二月十日、第十九回通常議会衆議院開院式で河野広中議長は、政府弾劾の意味を込めた勅語奉答文を提出し可決された。

翌十一日、衆議院はまたも解散させられた。

この年四月二十一日、議会の動きとは別に、京都の山縣の別邸・無鄰菴《むりんあん》に桂首相、小村外相、伊藤博文、山縣有朋らが集まり、対ロシア策を協議した。

その二カ月後の六月二十三日に、東京の御前会議でロシアとの交渉を始めるということ、そして協定案を提出することも決めた。この段階では、日本は韓国、ロシアは満州にそれぞれ力を入れることを相互に承認しようという、満韓交換論的妥協案の色合いが濃いものであった。

この協定案を受け、八月十二日、ロシア駐在の栗野慎一郎公使は、この協定案をロシア外相に提出した。

八月二十三日、ロシア外相は栗野公使に、日露交渉の会場を東京に移したいと提案してきた。多少の紆余曲折があったが、日本側は同意した。

十月三日、日本駐在ロシア公使ローゼンがロシア側の対案を提出、十月六日から小村・ローゼン会談が開始された。

双方ともに修正案の再提出を繰り返したが、年末に至るも一致点は見出されなかった。

（＊1）西園寺公望（その二）：嘉永二年（一八四九年）十月二十三日、公家・徳大寺公純《きんいと》の次男として京都に生まれる。西園寺家を継ぐ。のちの侍従長・徳大寺実則は実兄、財閥・住友吉左衛門は実弟。

王政復古で参与。戊辰戦争で山陰道鎮撫総督、会津征討越後口総督府大参謀として従軍。明治二年、家塾「立命館」（立命館大学）を創設、長崎に遊学。

明治三年十二月三日横浜を出発、コミューン動乱のさなかにパリに到着、パリ大学に学び法学得業士となる。在野の哲学者エミール・アコラースの影響を受け光妙寺三郎、中江兆民、松田正久ら留学生と親交を深める。明治十三年に帰国。「明治法律学校」（明治大学）の設立に協力した。東洋自由新聞社長となるが、辞任要請の「内勅」を受け、抗議的上奏文を呈して辞職した。明治十五年、伊藤博文に従って憲法調査のため渡欧、以後伊藤と親しくなる。

明治十八年にオーストリア公使、次いでドイツ公使兼ベルギー公使を務め、二十四年に帰国。枢密顧問官、貴族院副議長を経て、日清戦争最中に第二次伊藤内閣の文相、また病気の陸奥宗光に代わって臨時外相代理、外相として戦後外交に当たる。この時、陸奥や外務次官・原敬《はらたかし》との関係が強まった。

第三次伊藤内閣でも文相、次いで枢密院議長、さらに伊藤のあと原に引き継ぐまで政友会総裁。三十九年に自らの第一次内閣、四十四年に第二次内閣を組閣したが、陸軍と対立して四十五年総辞職した。

大正元年（一九一二年）に勅詔を受けて元老に列する。松方正義没後はただ一人の元老として、後継首相の推薦や天皇の最高政治顧問を務めた。昭和十五年十一月二十四日没。

日露交渉打ち切り

年が明けて明治三十七年（一九〇四年）、駐日ロシア公使ローゼンは、一月六日にロシア側最終提案を小村外相に提出した。

日本側も一月十二日の御前会議で日本側の最終案を決定した。

一月二十六日、小村外相は栗野駐露公使にこの最終案に対する回答督促を訓令したが効果なく、二月四日の御前会議で、ロシアとの交渉を打ち切り、軍事行動に移ることを決議した。

二月六日、栗野公使は国交断絶をロシア側に通告した。

ついに日露開戦

日露戦争は明治三十七年二月八日、旅順港にいたロシア旅順艦隊に対する日本海軍駆逐艦の奇襲攻撃で始まった。

この奇襲自体がロシア側からも非難されないのは、当時は攻撃開始前に宣戦布告しなければならないという国際法の規定がなかったためである。この攻撃ではロシアの艦艇数隻に損傷を与えたが、大きな戦果はなかった。

同日、日本陸軍先遣隊は、日本海軍第二艦隊瓜生外吉戦隊の護衛を受けながら仁川に上陸した。瓜生戦隊は翌二月九日、仁川港外にいたロシア巡洋艦ヴァリヤーグと砲艦コレーエツを攻撃し沈没させた。

二月十日、日本政府はロシアに宣戦布告した。翌十一日、大本営が宮中に設置された。

二月二十三日には日本と大韓帝国の間で、日本軍の補給線を確保するための日韓議定書が締結された。

ロシア旅順艦隊は増援のあることを期待し、日本の連合艦隊との正面決戦を避けて旅順港に待機していた。

連合艦隊は二月中旬以降、旅順港の出入り口に古い船を沈めて封鎖しようとしたが、失敗に終わった。

四月十三日、連合艦隊の施設した機雷が旅順艦隊の旗艦である戦艦ペトロパヴロフスクを撃沈、旅順艦隊司令長官マカロフ中将を戦死させるという戦果を挙げたが、五月十五日には、逆に日本海軍の戦艦「八島」と「初瀬」がロシアの機雷によって撃沈された。


ロシアとの戦端が開かれてからも、日本政府は戦費調達に怠りはなかった。二月十七日、閣議はロンドン市場での英貨公債募集の方針を決定した。次いで二月二十四日、高橋是清[*1]日銀副総裁をこのためイギリスに派遣した。

第一回六分利付英貨公債一〇〇〇万ポンド募集が五月十日に公布されたが、この公債募集は大成功を収め、十一月十日には第二回一二〇〇万ポンド募集が公布された。


旅順港にいるロシア艦隊の活躍を封じるため港口を封じる作戦の第一回目は失敗に終わったが、さらに三月二十七日に第二次、五月三日に第三次の作戦が行われたが、期待通りの成功には至らなかった。

そのため八月十日、旅順のロシア艦隊は出撃して、黄海で日本の連合艦隊と交戦した。

だが、戦いが不利になると、再び旅順港に逃げ込んだ

（＊1）高橋是清：嘉永七年（一八五四年）閏七月二十七日、幕府御用絵師・川村庄右衛門（四十七歳）と、きん（十六歳）の子として、江戸芝中門前町（現在の東京都港区芝大門）に生まれた。きんの父は芝白金で代々魚屋を営んでいる三治郎という人で、家は豊かであったが妻と離別していたので、きんは中門前町の叔母のところへ預けられたこともあり、行儀見習いのために川村家で奉公していた。庄右衛門の妻は庄右衛門の手付きで身重になったきんに同情して、こっそり中門前町の叔母の家に帰して静養させ、時々見舞って世話をしたという。

是清は生後まもなく仙台藩の足軽・高橋覚治の養子になった。その後、横浜のアメリカ人医師のヘボン塾（現・明治学院大学）に学び、慶応三年（一八六七年）に藩命により海外へ留学することになった。ところが、横浜に滞在していたアメリカ人の貿易商ユージン・ヴァン・リードにだまされて学費や渡航費を着服され、さらにホームステイ先のユージンの両親にも騙《だま》され年季奉公の契約書にサインしたため、オークランドのブラウン家に売られた。ブドウ園などで奴隷として扱われたが、本人は奴隷になっているとは気づかず、なんときつい勉強だなあと思っていたという。何軒かの家を転々と渡り、時には就労拒否（ストライキ）を試みるなど苦労を重ねた。この間、英会話と読み書きの能力をどうにか身につけた。

高橋は、前後六度にわたって大蔵大臣を務め、日本の財政政策に貢献している。六度目は岡田啓介首班の内閣であったが、当時デフレーション政策はほぼ所期の目的を達していたが、これに伴い高度のイ

ンフレーションの発生が予見されたため、これを抑えるべく軍事予算の縮小を図ったところ、軍部の恨みを買い、赤坂の自宅二階で反乱軍の青年将校らに胸を六発撃たれ、暗殺された（二・二六事件）。享年八十三。正二位大勲位子爵。

戦争中に総選挙を実施

前年末、桂内閣を弾劾して解散させられた衆議院の第九回総選挙が、開戦後の三月一日に行われた。

結果は、政友会が依然として第一党であったが、前回選挙に比べると大幅に議席数を減らした。

三月十八日に臨時議会が、十一月二十八日に通常議会が招集されたが、戦時中のことであり、大きな波乱はなかった。

満州軍総司令部を設置・旅順攻撃

陸戦では、五月一日（明治三十七年）、日本第一軍が鴨緑江を渡って九連城を占領。五月二十六日、第二軍が南山を占領した。

六月二十日、満州軍総司令部が設置され、総司令官に大本営参謀総長の大山巌が、また総参謀長には児玉《こだま》源《げん》太郎《たろう》[*1]が任命された。

旅順攻撃のため編成された第三軍は、八月十九日に第一回総攻撃を行ったが失敗に終わった。

八月末、日本の第一軍、第二軍および野津道貫大将率いる第四軍は、満州の戦略拠点遼陽に迫った。八月二十四日、九月四日の遼陽会戦では、第二軍が南側から正面攻撃をかけ、第一軍は東側から山地を迂回して敵の背後に進撃した。

ロシア軍の司令官クロパトキン大将は全軍を撤退させたので日本軍は遼陽を占領するが、ロシア軍を撃破することはできなかった。

年が明けて明治三十八年、前年の九月と十月の前後に分けて行われた第二回の旅順総攻撃に次いで、第三回の総攻撃を敢行し、激戦の末、十二月四日に旅順港内を一望できる二〇三高地をやっとのことで占拠した。これで港内の軍艦を砲撃できる拠点を確保したことになる。またロシア側の要塞に対しても有利な攻撃態勢に入った。

しかし、その後もロシアの要塞は落ちず、第三軍（乃木司令官）は作戦目的である要塞攻略を続行し、ようやく東北方面の防衛線を突破し望台を占領した。一月一日に至り、ロシア軍旅順要塞司令官ステッセル中将が降伏を申し出てきたので、二日開城規約を調印、十三日に日本軍は入城を果たした。

この二〇三高地攻略戦で日本側に多大な兵士の死傷が出た。

満州総軍の正面では、新たに着任したグリッペンベルク大将の指揮の下、一月二十五日に日本軍の最左翼に位置する黒溝台方面付近でロシア軍が大規模な反撃に出たが、日本軍は押し返した、

（＊1）児玉源太郎：嘉永五年（一八五二年）二月二十五日、児玉半九郎の長男として山口県周南市（現在）に生まれる。

幕末、明治新政府で児玉は、反政府反乱の鎮圧に数多くの軍功を立て、急速に昇進し二十七歳で中佐になった。明治十八年（一八八五年）三月、ドイツ陸軍中、

屈指の戦術家として知られるメッケル参謀少佐が来日した。日本の陸軍大学校で兵学を教えるためである。当時、参謀本部第一局長であった児玉は、陸軍大学校の幹事も兼務していた。メッケル四十二歳、児玉三十二歳、運命の出会いである。

日露戦争の勝敗の帰趨を決めた重要な戦いの一つが、二〇三高地の奪取である。ここは海抜二〇三メートルの丘で旅順港を見下ろすことができ、港内に逃げ込んでいるロシア艦隊を狙い撃ちできる好位置であった。これまで旅順要塞の正面突破を繰り返してきた第三軍（乃木希典司令官）は、要塞の端にある二〇三高地に兵力を集中して攻撃していた。だが、ロシア軍の猛射を浴び、将兵の屍《しかばね》を積み重ねるばかりである。山頂の一角に突入し、一度は占領を果たしても、翌日には増援を得たロシア軍に奪回されるといった状況であった。

報告を聞いた児玉は、「俺が行くほかない」と決断した。これ以上、無為に将兵を死なせるわけにはいかん。ぐずぐずしていたら、南アフリカ、インド洋経由でロシアのバルチック艦隊がやって来る。日本は敗北するだろう。児玉は不退転の決意で乃木の第三軍に乗り込んだ。

現地に着いた児玉は厳命した。「速やかに重砲を高崎山に移動せよ。二〇三高地占領後は二十八センチ砲を十五分ごとに一発ずつ発射し、一昼夜連続射撃せよ」。高崎山から砲弾を浴びせ、二〇三高地を占領する作戦である。だが砲兵少佐が速やかな移動は無理だと反対した。児玉は「やる気があればできる」、「二十四時間以内に移動を完了せよ」と指示したが、砲兵少佐は、なおも食い下がった。「二十八センチ砲を連続発射すれば味方を撃つ公算も大であります。天皇陛下の赤子（天皇の子という意味）を陛下の砲で撃つことはできません」。児玉は怒鳴った！「陛下の赤子を無為無能の作戦でいたずらに死なせてきたのは誰か。これ以上、兵の命を無益に失わせてはいかん。だから、作戦を変更しろと言ってるんだ！」児玉の目から涙があふれ出た。全身全霊をぶつけた一喝で、一同は静まり返った。

乃木軍が約四カ月間、攻めあぐねた二〇三高地は、重砲を高崎山に移しただけで、わずか四時間で陥落した。児玉は間髪を容れず、二〇三高地から港内のロシア艦隊めがけて砲弾の雨を降らせた。これで旅順のロシア艦隊は全滅した。

明治三十八年（一九〇五年）九月五日、日露講和条約が調印され、日露戦争は終わった。奉天（現瀋陽）の総司令部で条約合意の報せを聞いた児玉は、ポロポロと涙を流して男泣きしたという。そして、その十カ月後の七月二十一日、突然脳溢血で倒れ、二日後に息を引き取った。五十四歳没。

奉天会戦・日本海海戦

明治三十八年三月一日から日本軍は奉天に総攻撃を開始した。

日本軍右翼がすでに攻撃を開始していたが、左翼の第三軍と第二軍が奉天の側面から背後に回った。

ロシア軍は予備軍を投入してきた。第三軍はロシアの猛攻を受け崩壊寸前の形勢になっていたが、それでも前進した。

三月九日、ロシア軍の司令官クロパトキンは撤退を指示、日本軍は三月十日に奉天を占領した。しかし、またもロシア軍の撃滅には至らなかった。

この奉天大会戦の三月十日は、のちに陸軍記念日となった。


この結果を受けて、日本から依頼を受けていたアメリカ合衆国大統領セオドア・ルーズベルトが和平交渉を支援しようとしたが、まもなく日本近海に到着するバルチック艦隊に期待していたロシアは、これを拒否した。

一方、両陸軍は一連の戦いで共に大きな損害を受け、作戦継続が困難な状態に陥っていたため、その後終戦まで四平街付近で対峙を続けた。


さて、日本海海戦である。バルチック艦隊は、大変な苦労をしながら七カ月に及ぶ航海の末、日本近海にやって来た。それを待ち構えていた東郷平八郎[*1]率いる連合艦隊と五月二十七日に激突する。

五月二十九日まで続いたこの海戦で、バルチック艦隊はその艦艇のほとんどを失ったが、それのみならず、司令官が捕虜になるほどの壊滅的な打撃を受けた。これに対し連合艦隊は喪失艦がわずかに水雷艇三隻という、近代海戦史上において例のない一方的な勝利に終わった。

この海戦の結果、日本の制海権が確定し、頼みの綱のバルチック艦隊を完膚なきまでに叩きのめされたロシアも、和平に向けて動き出した。この五月二十七日は海軍記念日になった。

セオドア・ルーズベルト大統領は日本海海戦のあと外務大臣・小村寿太郎から要請を受け、一九〇五年六月六日に日本・ロシア両国に講和勧告を行い、ロシア側は十二日に公式に勧告を受諾した。

日本軍は和平交渉を進める一方で、七月に樺太攻略作戦を実施し、全島を占領した。この占領で、のちの講和条約を経て南樺太が日本に割譲されることになる。講和以降の樺太には王子製紙、富士製紙、樺太工業などパルプ産業が進出した。

南樺太は後にロシアとの協定で千島列島と交換されることになるが、令和元年現在、北方四島の返還をめぐって日露交渉が長期にわたって続いているが、ここまで遡って議論されるべきではなかろうか。

（＊１）東郷平八郎：弘化四年（一八四八年）十月二十二日、薩摩国鹿児島城下の加治屋町二本松馬場に薩摩藩士・東郷実友と堀与三左衛門の三女・益子の四男として生まれる。

文久三年（一八六二年）、薩摩藩士として薩英戦争に参加した。戊辰戦争では春日丸に乗り組み、新潟、箱館まで転戦し、阿波沖海戦、箱館戦争、宮古湾海戦で戦った。小柄であるが、なかなかの美男子で壮年期には料亭「小松」で芸者らに随分もてたという。

明治維新後は、海軍士官として明治四年から同十一年まで、イギリスのポーツマスに官費で留学した。現地ではゴスポートにある海軍予備校バーニーズアカデミーで学び、その後は商船学校のウースター協会で学んだ。この留学の間に国際法も学んだ。明治時代の日本海軍の指揮官として日清および日露戦争の勝利に大きく貢献し、日本の国際的地位を「五大国」の一員となるまでに引き上げた功労者の一人である。

明治三十七年（一九〇四年）二月十日から始まる日露戦争では、旗艦「三笠」に座乗してロシアの太平洋艦隊の基地である旅順港の攻撃や黄海海戦をはじめ、海軍の作戦全般を指揮した。六月六日、大将に昇進。

そして明治三十八年五月二十七日、ヨーロッパから極東へ向けて回航してきたロジェストヴェンスキー提督率いるロシアのバルチック艦隊を迎撃する。この日本海海戦に際し、バルチック艦隊が対馬海峡を抜けて日本海を東北に進みウラジオストックに行くのか、あるいは日本列島の太平洋側を大きく迂回して津軽海峡を抜けてウラジオストックに入るのかわからなかったが、その双方に艦隊を配置するだけの余裕がない。思い切って対馬側に連合艦隊を集結させた。これが図に当たったのは実にラッキーであった。

「敵艦見ゆ」との警報に接し、連合艦隊はただちに出動。「本日天気晴朗なれども波高し」という、後に有名になる一報を大本営に打電した。また、艦隊に対し「皇国の興廃この一戦にあり、各員一層奮励努力せよ」とZ旗を掲げて全軍の士気を鼓舞した。東郷は敵前で大回頭を行うという大胆な指令を出し、この大海戦に勝利した。

この勝利は、当時世界屈指の戦力を誇ったロシアのバルチック艦隊を一方的に破ったと世界の注目を集め、「アドミラル・トーゴー」（東郷提督）としてその名を広く知られることになった。さらに、当時ロシアの圧力に苦しんでいたオスマン帝国においても自国の勝利のように喜ばれ、東郷は同国の国民的英雄になったといわれる。

昭和九年（一九三四年）五月三十日、喉頭がん、膀胱結石、神経痛、気管支炎の悪化のため満八十六歳で死去。

ポーツマス講和会議始まる

ロシアでは、日本軍に対する相次ぐ敗北と、それを含めた帝政への民衆の不満が増大し、国民のあいだに厭戦《えんせん》気分が蔓延していた。そこへ、一九〇五年（明治三十八年）一月九日（ユリウス暦）には「血の日曜日事件」[*1]が発生していた。

さらにバルチック艦隊が壊滅し制海権も失っていたうえに、日本軍の明石元二郎大佐による革命運動への支援工作が強く働き、国家として戦争継続が困難な状態になっていた。

日本も勝利に次ぐ勝利でロシアを疲労困憊させたものの、十九カ月の戦争期間中に戦費十八億円余を投入、この戦費のほとんどを戦時国債で賄い、また当時の日本軍の常備兵力二十万人に対し総動員兵力が一〇九万人に達したことなどから、国内産業の稼働は低下するなど国力の消耗が激しく、講和の提案を積極的に受けざるを得なかった。

アメリカの仲裁により両国に講和会議の席が、八月十日からアメリカ・ニューハンプシャー州・ポーツマス近郊で準備され、終戦交渉が始まり、同年九月五日にポーツマス条約が締結され講和が成立した。

日本はポーツマス条約によって遼東半島の租借権、東清鉄道の長春〜大連の支線、朝鮮半島の監督権を得た。

同年十月、満州軍総司令官の下に関東総督府を設置し、軍政を布《し》いた。

清国がこれに抗議した。また日本の門戸閉鎖に対して英米が反発、翌一九〇六年三月に満州の門戸開放を迫ったため、日本は満州を開放する方針を固め、関東総督府を関東都督府と改組した。

この年十一月には民間企業で日本最大のコンツェルンとして南満州鉄道株式会社を設立した。以降、南満州鉄道を柱とした満州経営事業は日本の重大な課題となっていく。

日英同盟は攻守同盟へと強化され、日本の朝鮮半島支配とイギリスのインド支配を相互に承認した。

またアメリカとも桂・タフト協定で日本の朝鮮半島支配権とアメリカのフィリピン支配権を相互に確認した。

フランスも同盟国であったロシアの弱体化のため日本に接近、一九〇七年、日仏協約を締結した。またロシアも国内での革命運動が激化していく中で日本に接近し、日露協約を締結し、日本が南満州、ロシアが北満州を勢力範囲とし、日本の朝鮮半島支配とロシアの外蒙古の特殊利益を相互承認した。

大きな戦争に勝つと、戦争前とは打って変わって各国ともに、なんとも日本を大人扱いし始めた感がある。

こんな状況の中で日本は列強の承認の下、韓国を保護国化する。

イギリスは、このあとフランス、ロシア、日本によるドイツ包囲網を形成した。

日米関係は満州権益をめぐって対立が残り、また日系移民排斥問題などが発生し、予断を許さない状況下にあったが、一九〇七年の日米紳士協約、一九〇八年の高平・ルート協定によって緊張の緩和に努め、一九一一年の改正日米通商航海条約によって日本は関税自主権を獲得し、従属的な立場を解消させた。

以上、このように記述してくると、日露戦争の勝利によって何事もよくなったという印象を受けるが、事実はそうではなかった。


（＊1）血の日曜日事件：日露戦争の最中、旅順が陥落した直後の一九〇五年一月九日（ユリウス暦）、ロシア帝国の首都ペテルブルグで、ニコライ二世に対して労働者の権利、待遇改善などの経済要求と、立憲政治の実現、日露戦争の停止などの政治要求を掲げた請願が提示された。

労働者を指導したのは、司祭で労働運動に携わっていたガポンであった。約十万に膨れ上がった労働者とその家族は、幾手にも分かれて冬宮を目指したが、各所で軍の守備隊に阻止された。

労働者は武器を持っておらず、ツァーリ（皇帝）に対して「プラウダ」（正義）を訴える請願行動であったが、軍当局はコサック兵などを動員して労働者に発砲し、約一〇〇〇名の死者が出た。

講和への鬱憤広がる

「大阪朝日新聞」は、明治三十八年（一九〇五年）九月一日に、「天皇陛下に和議の破棄を命じたまわんことを請い奉る」という激越な大論文を掲載し、同じ紙面に、八月二十九日のポーツマスの最終会議でまとまった講和条件を大きく引用した。

一、樺太の分割は、北緯五十度を以て分界とし其の北部は露国之を有し両国とも樺太に於いては兵備を為さざる事。
一、朝鮮に於いても其の露国と境を接する所には互いに兵備を為さざる事。
一、東清鉄道は長春以南を日本に譲与する事。
一、沿海州漁業権は日露両国ともに同一の権利を有する事。

八月二十九日の最終会議は決裂寸前の状態であった。ぎりぎりのところで日本が大幅に譲歩した。

軍事費賠償金要求を全面撤回し、樺太は南半分だけで我慢することを認めたのである。

ロシア全権ウィッテは「日本は全部譲歩した！」と叫んだという。

このため日本国内は、憤慨に沸き返った。

国民は（勝った！）と思い込まされていた。

ところが現実は、日本の方に戦争継続の能力はほとんどなく、ロシアはまだ余力を残していたことなどの情報を、国民の大半は知らなかった。

ロシアの領土の中では一度も戦っていない。この状況で「勝った」とは言い難い。国民の士気を鼓舞するために、意図的に弱みを見せまいとしたのだろうか。

これと同じようなことが、後の太平洋戦争の時にも起こっている。国民は「大本営発表」で勝っていると聞かされ、事実は負けていたにもかかわらず、何度か騙されている。

日比谷公園焼き打ち事件

九月三日（明治三十八年）、大阪公会堂で市民大会が開かれ、講話条約を破棄し戦争を継続すべしと決議した。全国で同様の決議がなされ、九月五日に東京で開かれる全国大会に有志が続々と上京してきた。

全国大会は頭山満や河野広中らの主催で、会場は日比谷公園が予定されていた。警視庁はこの大会を禁止し、公園を丸太で閉鎖した。それでも集まった群衆は公園に突入し、大会を開催した。

河野広中が決議文を読み上げた。それは、概ね以下のような内容であった。

・議定せる講和条約は、戦勝の効果を没却し、君国の大事を誤る。
・我らは現内閣および全権委員をして謝罪せしめ、且つ当該条約を不成立に終わらせることを期す。

・我らは出征軍人の驀進奮進を以て敵軍を粉砕せんことを熱望する。

万歳を唱えたあと解散した群衆は、国民新聞を襲撃した。内務大臣の官邸も襲われた。警察署や交番も次々に襲われた。このとき焼き払われた交番は二〇〇を超えたという。

政府は、ついに東京および府下五郡に戒厳令を出した。

この騒乱も日露の戦況が正確に報道されていなかったため、国民の「まだまだ戦える、日本は強い！」との思いがなせるワザであった。

桂内閣から西園寺内閣へ

桂首相は八月十四日、政友会の実力者・原敬を呼んで、講和締結後に総辞職し、後継首相に政友会総裁の西園寺公望を推すつもりであることを伝えた。

十二月二十一日、桂内閣は総辞職した。

第一次西園寺内閣は、翌年の一月七日に成立する。

第八章　日露戦争後の明治「国家」

第一次西園寺内閣の誕生

日露戦争は終わった。どうにか日本の勝利で終わった。

アメリカの仲裁で講和会議がポーツマスで開かれ、日本は戦勝国として新たな利権や宗主国としての領土を獲得した。

ところが一般的な評価は、日本が大幅に譲歩したことになっている。

敗者ロシアの全権大使ウィッテも「日本は全部譲歩した！」と豪語したという。

日本国内では大きな鬱憤が爆発した。多くの不満分子が政府の弱腰を痛烈に非難した。

だが、戦争中は国民に弱みを見せまいとして戦況報道を抑制していたことを国民は知らなかった。この報道を歪曲するという方針は、後の世に禍根を残すことになった。

まずは、とにかく日露戦争は、勝利したのである。

このあと、日露戦争の勝利が日本を軍事大国に押し上げて行く。

政友会総裁・西園寺公望を首相とする内閣が、終戦の翌年、明治三十九年（一九〇六年）一月七日に発足した。ただし政友会からの入閣は内務大臣の原敬と、司法大臣の松田正久だけであった。

この内閣は、社会党の結成を承認するなど、欧州の感化を受けた西園寺らしい柔軟な政策を打ち出している。

日本社会党の結成

樋口伝、西川光二郎らは、一月十四日、日本平民党を結成した。

一方、堺利彦、深尾韶《しょう》らは、一月二十八日、日本社会党を結成した。

この両派が合同して二月二十四日、日本社会党第一回大会を開催した。

彼らは社会主義運動を拡充する基盤を造ることを目指した。

鉄道の国有化・南満州鉄道の設立

鉄道国有法が三月三十一日に公布された。十年以内に主要鉄道のすべてを国有化するとの趣旨のものであった。

また、南満州鉄道の設立方針が、六月八日に勅令で公布された。

日本は戦争で手に入れた満州を宝物のように大切に思っていたが、駐日イギリス大使から、「満州市場の門戸を開放せよ、機会均等を実施せよ、これではロシアが押さえていたときより悪いではないか」という強い要請があり、アメリカからも同様の抗議があった。四月十二日、駐米代理公使・日置益《ひおきえき》は、アメリカの国務長官に「日本は満州の門戸開放を尊重する」と回答したが、日本は、事実上は開放しなくて済む秘策を練った。

かなめは満鉄であった。日本が独占的権利を持つ南満州鉄道を設立することが前述のように六月八日に定められ、七月十三日には児玉源太郎が創立委員長になった。

児玉の下で鉄道会社の総裁に擬せられたのは、後藤新平[*1]である。

後藤は台湾の民生局長を長く務め、児玉とのコンビで大きな成果をあげていた。しかし、今回は後藤も二の足を踏んだ。

この時期の満州では、戦勝気分の軍人たちが我がもの顔でふるまっていたので、鉄道総裁の権限では太刀打ちできないと思ったのである。

児玉は後藤を呼んで数時間にわたって説得した。しかし後藤は承諾しない。

ところが、その翌朝、児玉は急逝した。七月二十三日のことである。戦争の苦労が一度に出たのだろうか、あっけない死であった。

後藤は駆けつけたが間に合わなかった。

そこで後藤は心機一転する。

「よし！　弔い合戦をやってやる」と決心した。

満鉄を単なる鉄道会社とせずに、満州経営の大動脈とする構想が彼の頭に浮かんできた。

この実現のために後藤は、このあと全力で突っ走る。

（＊1）後藤新平：仙台藩水沢城下（現：岩手県奥州市水沢）に、仙台藩一門・留《る》守《す》家の家臣・後藤実崇《さねたか》の長男として生まれる。胆沢《いさわ》県大参事であった安場《やすば》保和《やすかず》にみとめられ、十三歳で書生として引き立てられ県庁に勤務した。
十五歳で上京し、東京太政官小吏・荘村省三のもとで門番兼雑用役となる。安場との縁はその後も続き、安場が岩倉使節団に参加し、帰国した直後に福島県令になると、後藤は安場を頼り、十六歳で福島洋学校に入学した。十七歳で須賀川医学校に気が進まないまま入学。ただし同校での成績は優秀で、卒業後は安場が愛知県令になったので、それについて行くことにし、愛知県医学校（現・名古屋大学医学部）の医者となる。ここでめざましい昇進を遂げ、二十四歳で学校長兼病院長となった。
明治十五年（一八八二年）二月、実績や才能を認められ内務省衛生局に入局し、医者というよりも官僚として病院・衛生に関する行政に従事することになった。明治二十五年十二月に長与《ながよ》専斎《せんさい》の推薦で内務省衛生局長に就任した。
台湾総督府民生局長、満鉄初代総裁、逓信大臣、内務大臣、外務大臣。東京第七代市長、ボーイスカウト日本連盟初代総長、東京放送局（のちの日本放送協会）初代総裁、拓殖大学第三代学長を歴任した。昭和四年（一九二九年）四月十三日没、七十一歳。

関東都督府の設置

後藤新平の動きとは別に、関東都督府官制が、八月一日に勅令で公布された。都督は陸軍の大将か中将で、関東州の管轄と満鉄路線の保護取締に当たることを任務とする官庁である。

九月一日、陸軍大将・大島義昌が都督に任命された。同日、満鉄付属地に警務署および支署を置くことが定められ、また笞刑《ちけい》執行規則および笞刑囚人処遇規則が定められた。

大韓帝国皇帝がハーグに密使派遣

翌明治四十年（一九〇七年）、日本の圧迫に耐えかねた大韓帝国皇帝が、オランダのハーグで開催された平和会議に信任状を持たせた密使を送ったので、大問題となった。

六月十五日、このハーグでの第二回の万国平和会議が開かれるのを機会に、高宗李皇帝は信任状を持たせた密使を送って、世界に日本の侵略を訴えようとした。

皇帝には、列強が日本の朝鮮支配を承認しているという帝国主義的環境が呑み込めていなかったのである。日本の暴虐が伝われば、列強は正義によって日本に干渉するであろうと素朴に信じていたようである。

その期待は当然ながら裏切られた。平和会議は訴えを受け付けなかった。

むろん事件は日本に筒抜けになっていた。大韓帝国は第二次日韓協約以降、外交権を持っていなかったから、これは日本に対する反逆と認識された。

伊藤博文韓国統監は皇帝を追及する。皇帝は狼狽して「朕の感知するところに非ず」と逃げようとしたが、今度ばかりはそういかなかった。

証拠が残っている。信任状を持った密使がハーグで動きすぎたのである。七月十九日の御前会議は「譲位やむなし」との結論となった。

伊藤統監は李皇帝を退位させ、第三次日韓協約で内政の権限も手中に収めてしまった。

皇帝の譲位決定の夜、京城は騒然となった。数千人の民衆が宮城前に座り込んだ。しかし譲位と新帝の襲位は強行され、翌二十日、新帝・純宗李坧の朝見式があったが、韓国人は沿道から遠ざけられ、日本軍の機関銃が要所要所を固めた。

韓国人にとっては全く突然に、八月一日、新皇帝の命令で軍隊の解散が強行された。

この頃から、朝鮮の山間に「義兵」と称するものが出没するようになる。日本軍は一村焼き打ちという凶暴な手段で対抗したが、それは民心を離反させ、反乱に押しやるばかりであった。

この非常事態に、伊藤の要請で日本は歩兵第一二旅団を朝鮮に増派したが、この後も日本軍は更なる軍隊を投入していくことになる。

国内では、二月四日に足尾鉱山で抗夫と職員の衝突があったが、同六日、大暴動に発展した。坑内電話線が切断され、倉庫や事務所が焼き討ちされた。高崎の連隊が出動して戒厳令を布き、六〇〇人を検挙した。六月二日には、別子銅山で賃上げ運動中の坑夫を解雇したので、同四日に事態は暴動化し、この時も軍隊が出動し鎮圧した。

西園寺内閣崩壊・第二次桂内閣発足

翌明治四十一年（一九〇八年）、西園寺内閣の大蔵大臣・阪谷芳郎《さかたによしろう》と逓信大臣・山縣伊三郎が、鉄道建設費をめぐって意見が対立し、一月十四日、双方とも辞職した。

西園寺首相も辞表を提出したが、これは却下された。

一月二十三日の衆議院本会議に出された内閣不信任案は、賛成一六八に対し反対一七七で、辛うじて退けられた。

だが、五月十五日に行われた第十回総選挙では、政友会は約一九〇という絶対多数の議席を獲得した。


一方、荒畑寒村《あらはたかんそん》らは六月二十二日の山口孤剣の出獄歓迎会で、「無政府共産」の赤旗を掲げて警官と衝突し、逮捕された。

荒畑寒村らはいたずら半分で引き起こした事件と言われるが、山縣有朋が現西園寺内閣の社会主義取締りが手ぬるいと天皇に讒訴《ざんそ》したので、天皇から何をしておるのかと咎《とが》めてきた。

同二十七日、西園寺首相は原内相、松田蔵相を呼んで病気を理由に辞意を表明したが、二人は反対した。

七月四日、西園寺内閣は総辞職し、同十四日、第二次桂内閣が成立した。

桂首相は、日露戦争後に労働争議や小作争議が頻発する風潮に不安を感じ、十月十三日に天皇の権威をかりて戊申《ぼしん》詔書を渙発《かんぱつ》した。これは教育勅語に次ぐ重要な勅語として、儀式の際などに奉読されるようになった。

この年、外務省は呼び寄せ移民を除くハワイ移民を停止すると決定し、アメリカへ回答を行い、これでどうにか移民に関する日米紳士協約が成立した。アメリカへの移民が難しくなったのに代わって、新しくブラジル移民が始まった。

四月二十八日、第一次ブラジル移民七八三人が出発した。

急成長の日本資本主義に何が……

戦争に全力を注ぎながら急成長を遂げてきた日本資本主義に、大きな歪みが出てきた。

この年（明治四十二年）、大日本製糖の疑獄事件の検挙が四月十一日に始まり、逮捕者は日糖の旧重役のほとんど全員、さらに代議士二十四人に及んだ。砂糖関税の戻し税延長に絡む贈収賄の容疑であった。

七月三日の予審判決で二十四人の代議士中、二十三人が有罪になった。粉飾決算の責任をとって辞職していた前社長の酒匂常明《さこうつねあき》は、同十一日、自宅でピストル自殺をとげた。

一方、韓国統監を辞任して枢密院議長に就いていた伊藤博文は、ロシアの大蔵大臣ココツェフと会談するため、十月二十六日ハルビンに着いたが、駅を出たところで韓国人の民族独立運動家・安重根によってピストルで撃たれて死亡した。

日本では悲しみの国葬が行われたが、朝鮮では快哉の声が大きかったという。

韓国併合成る

前年から続いていた第二次桂内閣が、この年（明治四十三年）、とうとう韓国併合をやってのけた。

五月三十日、寺内正毅《まさたけ》が陸軍大臣兼務のまま韓国統監に任命された。

六月三日の閣議は、併合後の韓国に対する施政方針を決定した。

憲法を適用せず、統監が一切の政務を統括するというのが、その骨子であった。

八月二十二日、韓国併合に関する日韓条約が調印され、続く二十九日、併合に関する詔書、韓国王室を皇族の礼をもって遇する詔書が下された。

国号は改められ、同地域を「朝鮮」と称し、朝鮮総督府を置くことが公布された。

朝鮮総督府官制が九月三十日公布され、総督は陸軍大将とすることが定められた。

十月一日、韓国統監・寺内正毅が初代朝鮮総督に任命された。

大逆事件で幸徳秋水も逮捕

共産主義者の宮下太吉が五月二十五日、爆発物製造の嫌疑で松本署に逮捕された。これを皮切りに検挙が続き、幸徳秋水《こうとくしゅうすい》[*1]が六月一日、湯河原で逮捕された。

このように次々と社会主義者が逮捕されていった。七月末には熊本の新実卯一郎ら、八月下旬には大阪の岡本穎一郎らも逮捕された。

だが、新聞各紙の報道はただ「重大事件」と伝えるばかりで、実情を一向に明らかにしない。

そのような状況の中で大審院の特別裁判が始まり、翌年の一月、二十四名に死刑の判決が下った。

これも、後の世に禍根を残した事例である。

（＊1）幸徳秋水：明治四年（一八七一年）九月二十三日、高知県幡多郡中村町（現：高知県四万十市）に生まれる。幸徳家は、酒造業と薬種業を営む町の有力者で、もともとは陰陽道《おんみょうどう》をよくする陰陽師の家であった。

九歳の時、儒学者・木戸明の修明舎に入り、四書五経等を学ぶ。十一歳で旧制中村中学校（現：高知県立中村高等学校）に進学するも、台風で校舎が全壊したため退学。明治二十年に上京し、同郷の中江兆民の門弟となる。新聞記者を目指し、『自由新聞』（板垣退助社長）等に勤務した。

明治三十一年より黒岩涙香《るいこう》が創刊した「萬朝報《よろずちょうほう》」記者となる。「萬朝報」は日本におけるゴシップ報道の先駆として知られ、権力者のスキャンダルを追及、「蓄妾実例」などプライバシーを暴露する記事で売れていた新聞である。最盛期には発行部数が三十万部に達するほどよく売れた。

明治三十四年、『廿世紀之怪物帝国主義』を刊行して帝国主義を批判。これは、当時としては国際的に見ても先進的なものといわれている。

明治三十六年、日露開戦以前は戦争反対の論調であった「萬朝報」も、世論の空気に押されて非戦論から開戦論へと転換したため、堺利彦、内村鑑三らと「萬朝報」を退社した。

明治四十三年、大逆事件で逮捕され、翌四十四年一月二十四日、他の十一名と共に処刑された。三十九歳没。

大逆事件の死刑執行

大審院は一月十八日（明治四十四年）、幸徳秋水ら二十四名に死刑の判決を下したが、翌十九日に半分の十二名を無期懲役に減刑した。

一月二十四日、減刑されなかった十二名の死刑が執行された。幸徳秋水もこの十二名の中にいた。

大逆事件の死刑執行について、各国の社会主義者から日本の在外公館に抗議が集中したという。

桂首相は一月二十六日、政友会総裁・西園寺公望と会談し、政府と政友会の提携が成立した。この提携は「情意投合」と評された。

そうであったか、あらずか、桂首相は政綱実行が一段落したと言って、八月二十五日に辞表を提出し、後任首相に西園寺公望を推薦した。

八月三十日、第二次西園寺内閣が成立。内務大臣・原敬、司法大臣・松田正久と、重要

ポストに政友会の領袖を揃えたのは第一次と同じである。
この政権交代は、「桂園たらい回し」といわれた。

中国・辛亥革命起こる

この年（明治四十四年）、中国の武昌で革命派と軍隊が蜂起し、辛亥革命が勃発した（十月十日）。

西園寺内閣は外務大臣・内田康哉《こうさい》をして十月十六日、駐清公使・伊集院彦吉に訓令させ、革命軍討伐のため武器弾薬を日本より供給すると清国政府に通告するように命じた。

また十月二十四日の閣議は、満州の現状維持と中国本土に日本の勢力を扶植するとの方針を決定した。

これを受けて十一月九日、政府は加藤高明駐英大使に訓令して、中国関外鉄道（山海関以東）の管理は日本が担当する旨を英国政府に申し入れるよう命じたが、十一月十一日、英国政府はその必要なしと回答してきた。

十二月一日、駐英代理大使・山座《やまざ》円次郎は、中国に立憲君主制を樹立するため英国の協力を要請したが、十二月五日、英国政府は「立憲君主制には同意するが干渉は望まない」

と回答してきた。

山座代理大使は、十二月二十五日、再び同趣旨の申し入れを行ったが、英国の回答は同じであった。

英国の腹の内が見え隠れしているように思える。日本に対して、「余計なことをするな、それはオレのやることだ」ということか。


この年、工場法が公布された（三月二十九日）。これは日本で初めての労働立法である。十一月十五日、東京市は浅草職業紹介所と芝職業紹介所を開設したが、これは公認職業紹介所の始まりである。


中国では一月一日（明治四十五年）、南京に革命側の臨時政府が成立し、孫文[*1]が臨時大総統に就任した。かねて孫文と親交のあった犬養毅と頭山満は中国に渡り、一月八日、南京で孫文と会見した。

また、大倉組は、中国革命政府へ江蘇省の鉄路を担保に三〇〇万円の借款を供与する契約を締結した。

さらに三井物産も一月二十九日、中国革命政府へ三十万円の借款を供与した。

中国では二月十二日、宣統帝が退位して清朝は滅亡した。

二月十三日、孫文は大総統を辞任すると表明し、同月十五日、袁世凱《えんせいがい》が臨時大総統に推奨された。

三月十日、袁が北京で臨時大総統に就任し、四月一日、孫文は正式に大総統を辞任した。

袁世凱政権が成立すると、英米独仏列強はここぞとばかりに、こぞって袁に借款を与えることにより中国に対する支配を強めようと動き出した。

日本とロシアはこれに追随しようとする。

日本はロシアに「四国借款団」（英米独仏の銀行による借款団）に共同加入することを提案する。ロシアはむろんこれに同意する。

三月十八日、南満州における自国の権利を保留したまま、四国借款団に加入する旨、四国政府に申し入れが行われた。日本代表は横浜正金銀行を起用することにした。

六月十八日、英米独仏日露六国の銀行家相互に、中国の外積引き受けに関する規約が成立した。

（＊1）孫文：一八六六年十一月十二日（清・同治五年十月初六日）、広東省広州府香山県粋亨村（現中山市）に生まれる。
中華民国の政治家・革命家。初代中華民国臨時大総統。「中国革命の父」、中華民国の国父と呼ばれている。また、中華人民共和国でも近代革命先行者として、

近年「国父」と呼ばれるようになった。中国では孫文よりも「孫中山」と呼ばれるのが一般的である。現在、一〇〇新台湾ドル紙幣にその肖像が描かれている。

前述のように広州府粋亨村の農家の出身。九歳の時、父・孫道川が死去。十二歳のとき、地域振興の象徴であった洪聖大王木造を地元の子供らと壊したことから、兄の監督下に置かれることになった。当時、ハワイ王国にいた兄の孫眉を頼り、一八七八年、オアフ島ホノルルに移住。のちイオラニ・スクール卒業。同市のブナホウスクールにも学び西洋思想に目覚めるが、兄や母たちが孫文が西洋思想（特にキリスト教的思想）にかぶれるのを恐れ、一八八三年、中国に戻された。

帰国後、香港にある香港西医書院（香港大学の前身）で医学を学びつつ革命思想を抱くようになった。なお、ポルトガルの植民地マカオで医師として開業している。清仏戦争の頃から政治問題に関心を抱き、一八九四年（日清戦争勃発）、ハワイで興中会を組織し、日清戦争終結後に広州で武装蜂起を企てたが、密告のため頓挫し、日本に亡命した。

一八九七年、宮崎滔天の紹介で政治団体「玄洋社」の頭山満と出会い、頭山を通じて平岡浩太郎から東京での活動費と生活費の援助を受けた。

一八九九年、義和団の乱が起こるが、孫文はその翌年、恵州で再度挙兵するが失敗に終わった。

一九〇二年、中国に妻がいるにもかかわらず、日本人女性・大月薫と結婚。また浅田春という女性を愛人にし、いつも同伴させていた。

そののち、アメリカを経てイギリスに渡り、一時清国公使館に抑留されるが、その体験を書籍で出版したため、革命家として勇名を馳せることになる。この直後の一九〇四年、活動の必要上「ハワイのマウイ島生まれ」と偽ってアメリカ国籍を取得し、革命資金を集めるために世界中を駆け巡ったという。

長い間、満州民族の植民地にされていた漢民族の孫文は、「独立したい」、「辮髪《べんぱつ》もやめたい」と言っていた。

一九〇五年、宮崎滔天の援助で東京府池袋に興中会、光復会、華興会を糾合して中国同盟会を結成した。ここで蔣介石《しょうかいせき》と出会う。

一九一一年十月十日、共信会と同学会の指導で武昌蜂起が起き、各省がこれに呼応して独立を訴える辛亥革命に発展する。そのとき、孫文はアメリカにいた。独立した各省は武昌派と上海派に分かれ革命政府をどこに置くか、また革命政府のリーダーを誰にするかで争ったが、孫文が十二月二十五日に上海に帰着すると、革命派はそろって孫文の到着を熱狂的に喜び、翌一九一二年一月一日、孫文を臨時大総統とする中華民国が南京に成立することになる。中華民国の成立以降も孫文はまだまだ苦難の道を歩まねばならなかった。その詳細については本書の主旨から外れるので割愛する。

孫文は晩年、ガンに侵されていた。一九二五年、有名な「革命尚未成功、同志仍須努力（革命なお未だ成功せず、同志よってすべからく努力すべし）」という一節を遺言に記し、療養先の北京で客死した。一九二五年三月十二日、五十八歳没。

呉海軍工廠で争議起こる

明治四十五年（一九一二年）三月二十九日、呉の海軍工廠で共済会問題からストライキが始まり、四月一日には一万人が参加する大ストライキに発展した。共済会の運営に多分の不満があったからである。

明治天皇の崩御

宮内省は、七月二十日、天皇は尿毒症で重態であると発表した。平癒祈願の市民が連日宮城前に集まってきた。株は大暴落。

七月三十日、天皇は没し、皇太子嘉仁《よしひと》が践祚《せんそ》し、元号は「大正」と改められた。

八月十三日、新天皇は元老らに対し、先帝の遺業を継ぐに当たっての勅語を下し、同日、前首相の桂太郎が内大臣兼侍従長に任命された。

九月十三日、明治天皇の大喪が青山で行われ、その日に乃木希典大将夫妻が殉死した。

西園寺内閣の倒壊

この年（明治四十五年）五月十五日に行われた第十一回総選挙で、与党政友会は二〇〇人を超える絶対多数を獲得していたが、陸軍の増師要求に苦慮していた。

十一月十日、西園寺首相は師団増設繰り延べにつき元老の山縣と会談したが、意見が折り合わなかった。

十一月二十二日、陸軍大臣・上原勇作は朝鮮に二個師団を増設する案を閣議に提出したが、閣議はこれを否決した。

上原は十二月二日、単独で辞表を提出した。後継陸相を得られなかった西園寺内閣は、十二月五日に総辞職した。翌六日、元老会議は西園寺に留任を要請したが、西園寺はこれを拒否した。

仕方なく、元老会議は十二月七日、後継首相に松方正義を推薦したが、松方は辞退。山本権兵衛、平田東助らも皆辞退した。

十二月十七日、桂太郎に組閣命令が下った。

同日、海軍大臣・斎藤実は海軍充実計画の延期に反対して留任を拒絶したが、二十一日、大正天皇は詔によって留任を命令した。そして、その日に第三次桂内閣が誕生した。

第九章　明治の先達の功績

明治は、明治天皇の崩御とともに終わりを告げたが、ここで明治に生きた先達が残した大いなる遺産がどのようなものであったか、功績と負の遺産とを合わせて検証してみたい。

近代国家へのきっかけは……

わずか四十数年の間に、日本は見事近代国家に変身した。

二六〇年余という長きにわたって「鎖国」という殻の中に閉じこもって、どうにか平穏に暮らしていたが、みんなの暮らしはさほどに変化していなかった。毎年来る日も来る日も似たような生活を営んでいたのではなかろうか。

それが、ある日、突然アメリカから四隻の黒船がやって来て、「門戸を開け、我々と通商しろ」と威嚇した。

これには、みんな慌てふためいたが、落ち着いてよく考えた人たちが、ここは相手の言う通りにするしかないと観念して、小さく小さく門戸を開いて、異人（領事）を特定の場所に住まわせることを認めた。

ところが、外国との交流が始まると様相が一変した。

江戸時代に長崎の出島に出入りして異国の情報を得ていたのとは、その規模も奥行きも大きく違っていた。

我が国が二六〇数年、安眠をむさぼっている間に世界は大きく変わっていた。イギリスの産業革命やフランスの市民革命、またアメリカの独立戦争と、大きなうねりが世界中を駆け巡っていた。

そして、「帝国主義」といわれる、武力を行使するか、武力で威嚇して他国を自らの支配下に収めるという、侵略主義的政略が猛威を振るっていた。

イギリスは、よく「紳士淑女の国」といわれるが、この当時のイギリスは、ひとつ裏を返せば「海賊・山賊の国」と言われてもおかしくないほどドギツイことをインドや中国などでやっている。

だが、これはイギリスだけではない。フランスもドイツも、少し遅れてイタリアも、アメリカですら、やっていないとは言えない。スペインなどがメキシコや中南米でやったことは、もっとひどかった。

中国やインドは、この列強諸国の侵略に苦しんでいた。

日本がいち早く近代国家に成り得たのは、これらの国際情勢と無関係ではない。早く富国強兵の国にならないと中国のようになってしまう、という強い危機感と恐怖心があったからである。

このことに関する歴史的事実を確かめながら、重複するようだが、明治の創成期に我ら日本人がやったことの功罪を、最後に駆け足で検証してみたい。

明治の功罪の検証と評価

＊幕末の混戦を乗り切る

世界の実情がどうにかわかり始めて、日本はにわかに活気づく。

尊皇攘夷か、幕府を倒さなければならぬか、開国もせねばならぬ。いやぁ、あくまでも尊皇倒幕じゃ、攘夷か開国かを決めるのは後でもよいわ！　と、日本中で議論が沸騰した。

そして、薩摩と長州は武力で幕府を倒すと腹を決める。

その時、坂本龍馬の大政奉還論が出てきた。「徳川将軍は政権を朝廷に返上すべし。そして、新たな国家を創らねばならぬ」という「船中八策」である。

これを考案したのは龍馬ではなくて、先駆者がいるという説もあるが、龍馬によって初めて世に示されたことは間違いない。

この大政奉還上意書は、後藤象二郎を経て土佐の山内容堂から老中・板倉勝清に提出された。将軍・慶喜は熟慮の末、この上意書を朝廷に上奏した。

朝廷は、これを受理したが、なんとも皮肉と言おうか、同日、薩長がかねてから要請していた倒幕の詔書が下った。

慶応四年（一八六八年）一月七日、慶喜に対する追討令が発せられ、戦は避けられぬものになった。

鳥羽伏見の戦いのあと、錦の御旗を掲げた官軍が江戸に向かって進撃する。

そして、明治二年五月に箱館での戦いが新政府軍の勝利で終わり、ようやく内戦は終結した。

ここで、大事なことが一つある。将軍慶喜が政権を自ら朝廷に返納したことである。滅びゆく政権の最高統治者が、新たに起ころうとする新勢力に権力を譲るということは、あまり例を見ない。このことが、維新後の政治社会状況に少なからぬ影響を与えたことは間違いないだろう。

＊版籍を奉還・廃藩置県を断行

明治二年に、早くもその影響は出てきた。一月二十日、薩長土肥の四藩主が連著して「版籍奉還」の上表を新政府に提出した。これは、版は版図、すなわち領土、籍は戸籍、すなわち人民のことである。つまり、支配下にある土地と人民を差し出すことになった。他の諸藩もこれに倣って慌てて版籍を奉還した。

続いて明治四年に、今度は「廃藩置県」を一片の紙切れで断行した。

これで、「お殿様」はいなくなった。何々藩というのもなくなった。中央集権体制が出来上がったことになる。

＊大型使節団を欧米へ派遣

明治四年には、条約改正交渉を兼ねて大型の使節団が欧米に派遣された。総勢四十八人の使節団であった。

明治政府は先進国から何かを吸収しようという意欲が旺盛で、その後も海外視察団の派遣や留学生の派遣が続く。

この使節団は翌年アメリカで条約改正交渉を行う予定であったが、元首の全権委任状を持参していなかったため不履行に終わった。そしてアメリカのあと欧州へ回った。欧米では先進国の力強さと産業の繁栄を目の当たりにして、驚愕と脅威を痛切に感じながら帰国した。

維新後、わずか四年での大がかりな使節団の派遣は賞讃に値する。使節団員は、この時の体験をこののち生かそうと努めた。

＊征韓論が急浮上す

明治六年八月、太政官会議は、西郷隆盛を彼が熱望していた朝鮮派遣大使に任命することを決議し、天皇の裁可も得た。

ところが、岩倉具視が欧州から帰朝後に開かれた太政官会議で、この議案が再決議されたにもかかわらず、その直後に岩倉や大久保利通の謀略で派遣は中止になった。

激怒した西郷は十月二十四日、参議と近衛都督を辞任し、郷里に帰ってしまう。

この征韓問題で西郷と大久保は決定的に離反し、再び親密な関係に戻ることはなかった。

西郷は、この後郷里で隠棲し、中央政府に戻ることはなかった。

さて、この出来事をどう評価するか。

岩倉と大久保の行為は、お世辞にもご立派とはいえない。

西郷の政治生命が、ここで事実上終焉するが、日本の維新後行政にとって大きな痛手になった。

＊西南戦争が勃発

明治十年、薩摩に引き籠もっていた西郷隆盛が、「政府に尋問の筋がある」と言って、兵を率いて鹿児島を出た。

この前年には、熊本の神風連の乱、福岡の秋月の乱、そして萩の乱と不平士族の乱が相次いでいた。

だが、この鹿児島の乱（西南戦争）は、そのスケール、頭領の過去の実績からいっても桁違いの大きさである。

西郷が下野して郷里に帰った後、政府は大久保利通の独裁体制のようになっていた。

この四年足らずの間に、台湾出兵（琉球島民の殺害事件）があり、また江華島事件の処理のため日朝修好条規が結ばれ、朝鮮は開国を強いられ、関税自主権のない条約を強要された。

だが今回は、今はお互いに離反しているとは言え、幼少の頃からの無二の親友・西郷との対決である。

西郷軍は九州を抜けて山陽道を上り、容易に難波あたりまでやって来ると誰もが思ったに違いない。

ところが、意外と西郷軍は苦戦する。

まず熊本城を攻め落とそうとしたが、なかなか落ちない。

政府軍（司令官・谷干城）は大いに奮戦した。

結局、三月に西郷軍が熊本北方の田原坂の主戦場で敗れた後、戦局は政府軍有利で展開していく。

西郷軍は、やがて力尽きて鹿児島に退却する。そして九月二十四日の政府軍総攻撃を受け、西郷は自決する。

この西南戦争で、大久保利通は政府の最高指導者として毅然と戦った。西郷を暗殺するとか、西郷との話し合いの場を持とうとか、大久保にはその意志は微塵もなかった。

だが西南戦争が終結した翌年、参議兼内務卿として政治権力を掌握していた大久保は、馬車で参朝する途中、紀尾井町で刺客に襲われ斬殺された。

もし、大久保と西郷が、このあと数年か十数年生きていたならば、明治史は大きく変わっていたかもしれない。

さあ、この一連の出来事をどう捉えるか。筆者の意見は本文の中で述べたつもりである。読者諸兄がどう評価するかは、ご自分で決めていただきたい。

西郷軍が敗れたことの是非も含めて、お願いしたい。

＊明治十四年の政変・伊藤の欧州派遣

大久保の死後、続いていた大隈、伊藤の二人三脚体制は、明治十四年（一八八一年）崩れる。

参議・大隈重信は、独自の国会開設趣意書を三月に左大臣・有栖川宮熾仁のもとに提出していたが、伊藤博文が六月二十七日、三条左大臣を通じてこれを借覧し、驚いて大隈と会見し、大隈の真意を質した。この時、伊藤が重大な発言をしているが、これは後述する。

結局、十月十一日の御前会議は、開拓使官有物払下げ中止と大隈参議の罷免を決定した。また、来る二十三年に国会を開設することも決定された。

翌年、伊藤博文は詔書を受け憲法調査のため、三月十四日に欧州に向け出発する。憲法制定の動きが本格的に始まった。

大隈参議の罷免と同時に、国会開設の時期が決定した。

＊改正新聞紙条例を制定

明治十六年、改正新聞紙条例が制定された。

発行保証人制度を新設し、法的責任者の範囲を拡大した。さらに、身代わり新聞発行を禁止し、外務卿・陸海軍卿の記事掲載禁止権を新設した。

これらは、今の時代では考えられない言論の自由の制限である。外務卿・陸海軍卿の記事掲載禁止権を決めるなど、国民を愚弄しているとしか言いようがない。

＊内閣制が発足

明治十八年十二月に、明治二年以来続いていた太政官制が廃止され、内閣制が発足した。

初代総理大臣には伊藤博文が就任。各大臣の数は薩長が圧倒的優位を占めた。いよいよ、総理大臣が国政の中心を掌握することになる。

急に、降ってわいたように内閣制が発足した。詳しくは本文を参照願う。

＊条約改正と自由民権運動

井上馨外相が担当していた条約改正が行き詰まり、井上は辞任（明治二十年九月）。明治十七年以来停滞していた自由民権運動は、外交問題という目標を得て大同団結運動を展開した。

伊藤総理大臣は、この運動の高まりに恐れをなし、山縣内務大臣に弾圧を任せた。山縣は保安条例を突如公布、施行し、五七〇名を皇居外三里に追放した。自由民権運動や反政府行為に対する弾圧が始まる。

条約改正はまだまだ重く政府にのしかかっていたが、自由民権運動も前途多難であった。

＊大日本帝国憲法を発布

明治二十二年（一八八九年）二月十一日、大日本帝国憲法が発布され、盛大な式典が催された。

これで我が国も立憲君主国の仲間入りを果たし、法治国家として歩んでいくことになる。これはこれでよくやったと言うべきであろうが、その内実は、民主主義や国民の基本的人権の尊重などからは程遠いものであった。

そのことは、天皇自らが、この憲法発布の日に憲法前文の「上諭」の中で、自らの先祖がこの国をつくり、治めていた事業を引き継ぎ、この国を支配するためにこの憲法を制定した、と述べていることからもわかる。

これは、国民主権ではなく天皇主権を鮮明に宣言しているものであるが、それだけでなく、憲法の条文の中に、国の将来に大きな禍根を残しそうなものが残念ながら存在する。そのことは後述する。


明治二十三年、教育勅語が発布された。これは国民の道徳規範を、皇祖皇宗の遺訓と称して天皇が国民に教示するもので、強い強制力を伴っていた。

これは、天皇制をより強固なものにするための手段であると理解される。

同年、大日本帝国憲法と衆議院議員選挙法による第一回の選挙が実施された。これは極端な制限選挙で、直接国税十五円以上を納める二十五歳以上の男子四十万人に限られた。これは総人口四〇〇〇万人のわずか一パーセントに過ぎなかった。

この選挙の結果は、自由党系一三八、改進党系四十六、保守系二十二、その他九十四であったが、山縣有朋総理大臣は、翌二十四年の第一議会をどうにか切り抜けた後、四月一日に辞表を提出した（総辞職五月六日）。

この大日本帝国憲法の制定発布は、それなりに高く評価すべきである。

これで我が国も法治国家の仲間入りを果たしたことになる。だが同時に、残念ながら将来に大きな禍根を残したことは、再度言っておかねばならない。

＊日清戦争が勃発

明治二十七年（一八九四年）七月初旬、朝鮮・東学党鎮圧を名目に、清国と日本はそれぞれ朝鮮に出兵した。日本艦隊が豊島沖で清国軍艦を砲撃し、事実上の戦争状態に入った。平城占領と黄海会戦で、日本有利の態勢が出来上がった。

以後、戦争は清国領に移る。清国軍の戦意は意外なほど揚がっていない。初めての本格的な対外戦争の打ち続く勝利に、日本国民は狂喜した。

清国は翌二十八年、講和全権として李鴻章を送り込んできたが、朝鮮独立、遼東半島、台湾、膨湖列島の割譲、賠償金二億両の支払いが決まった。

そのあと列強三国からクレームが付き、遼東半島は清国に返還した。

清国は想定以上に弱体化していた。この戦争の勝利は、新政府に大いに自信を与えることになった。

＊内閣の頻繁な交代が続く

明治三十年（一八九七年）、足尾鉱山の下流域で鉱毒をたっぷり含む土砂堆積事件が起き、松方内閣の重要人物や閣僚が次々と辞任し、十二月に衆議院は内閣不信任案を上程。松方は、これに解散権発動で対抗したが、そのあと自信を失い、辞表を提出した。

解散を命じた内閣が総辞職するという異例の事態となった。

明治三十一年、松方のあと伊藤博文に組閣命令が下った。

ところが、この新内閣も伊藤首相が元老会議で民党に対抗するために政府系の政党の組織作りをせねばならないと提案したが、山縣の反対で潰され、六月二十四日に辞表を提出した。

今度は、大隈と板垣に組閣命令が発せられ、六月三十日、大隈首相兼外相、板垣内相の第一次大隈内閣が誕生した。

この内閣の文部大臣・尾崎行雄が行った「共和演説」が問題化し、大隈の要請で尾崎は辞表を提出したが、その後任の文相を大隈が独断で犬養毅に要請したため、閣僚が相次いで辞任。憲政党も分裂状態になり、大隈はさじを投げるように辞表を提出した。

次の総理大臣には山縣有朋が任命され、十一月八日、第二次山縣内閣が発足した。この内閣が約二年、明治三十三年九月まで続く。

なんとも、ころころ内閣が交代する。

なにか、昭和憲法になってからの内閣の実態とは根本的に相違があるように思える。総理大臣の任命権が天皇にあることも強く影響しているのか。

＊教育総監部条例が改正公布される

明治三十三年（一九〇〇年）四月、教育総監部条例が改正公布され、参謀本部、陸軍省と並んで天皇に直隷することになった。

次いで五月に陸軍省の官制が改革され、軍部大臣は現役の大将および中将に限ることになった。これで軍部大臣の進退を利用すれば、軍部が内閣の生命を制しうることになった。天皇の実質的な権限がさらに強化され、その分、内閣の権能は弱まっていくことになった。

この年、中国では排外民族主義運動の義和団が次第に勢力を増し、北京・天津といった清国の中枢部を横行するようになった。

明治三十五年一月に日英同盟が調印され、即日発効した。これは今後の日本の国防に大きな影響を及ぼすことになる。

第七回総選挙が八月に行われたが、なんとこれが国会開設以来最初の任期満了による総選挙であった。過去八年間ですでに六回の総選挙が実施されている。

軍部大臣が決まらなければ内閣が成立しないということは、現在の感覚では理解しがたい。

*対ロシア戦の対策煮詰まる

明治三十六年（一九〇三年）四月、桂首相、小村外相、山縣有朋、伊藤博文らは京都の山縣の別邸無鄰菴に集まって対ロシア策を協議した。

この段階では、日本は韓国、ロシアは満州にそれぞれ力を入れることを相互に承認しようという満韓交換論的妥協案を考えていた。

桂首相は六月二十四日、山縣有朋と伊藤博文を招いて辞意を表明した。両者のうち一人が首相になることを求めたが拒否された。

山縣は、伊藤の政友会総裁（伊藤が中心になって創った新党）をなんとか辞めさせるために暗躍。七月六日、天皇が伊藤に枢密院議長就任を要請、八日に詔書を下した。

十月三日、日本駐在ロシア公使ローゼンがロシア側対案を提出、小村・ローゼン会談が開始されたが、双方とも修正案の提出を繰り返し、年末に至るも一致点は見出せなかった。

明けて明治三十七年一月、日露ともに最終案を決定、相互に提出したが、日本側はロシアからの回答がないままに二月四日、御前会議はロシアとの交渉を打ち切り、軍事行動に移ることを決議した。

この頃、ロシアは帝政末期であったが、政治機能はどの程度のものであったのだろうか。

＊日露戦争始まる

陸軍の先遣部隊は、二月八日、仁川に上陸。同日海軍は旅順港外のロシア艦隊を攻撃し、翌九日には仁川のロシア軍艦二隻を撃破し日露戦争は始まる。

陸戦では五月一日、第一軍が鴨緑江を渡って九連城を占領。五月二十六日、第二軍が南山を占領した。

六月二十日、満州軍総司令部が編成され、総司令官に参謀総長大山巌が、総参謀長に児玉源太郎が任命された。

明けて明治三十八年、前年の第三回総攻撃で旅順の二〇三高地を占領、港内の軍艦を砲撃でき、陸上の要塞に対しても攻撃可能な態勢に入った。

ついに旅順ロシア軍は降伏を申し出て、日本軍は旅順を占領した。

三月一日から日本軍は奉天で総攻撃を開始。三月十日、これを占領。海軍も五月、日本海海戦に圧勝した。

これで、どうやら対露戦争を勝利の形に持ち込んだ。

日本とロシアの講和会議は、八月十日からアメリカのポーツマスで開かれ、紆余曲折の末、九月五日、日露講和条約が調印されたが、調印に先立つ九月一日、「国民新聞」を除く有力新聞はこぞって講和反対を唱えた。

九月三日に大阪で、同五日には東京で講和反対の大会が開かれ、東京の大会は焼き打ち事件に発展したため、戒厳令が公布された。

報道制限で国民は実態を知らされていなかったのか、「日本はまだまだ戦えるのに、なぜ講和条約を結ぶのか。もっとやれぇー」という国民的憤懣が大きかったように思える。

＊対ロシア戦に勝って日本は軍事大国に

ロシアに勝利して、日本の国際的評価は大きく変わった。

明治三十九年一月、政友会総裁・西園寺公望を首班とする内閣が発足した。

南満州鉄道の設立方針が六月に勅令で公布され、児玉源太郎が設立委員会委員長に任命されたが、児玉はその直後に死亡した。その遺志を継いで、後藤新平が満鉄初代総裁に就任した。

児玉源太郎の急死は、日本の歴史にとって大きな痛手であった。

＊伊藤韓国統監が韓国皇帝に退位を命ず

明治四十年（一九〇七年）六月十五日からオランダのハーグで第二回平和会議が開かれたが、この会議に韓国皇帝が密使を送り、日本の侵略・圧迫を訴えたので大問題になった。

伊藤博文韓国統監は皇帝を退位させ、内政の権限を掌握した。

＊ブラジル移民始まる

翌四十一年、ハワイ移民停止等で、アメリカに代わって、新たにブラジル移民が始まった。

こんなに早く～、ブラジル移民が始まっていたことはあまり知られていないのではないか。

＊大日本製糖の疑獄事件

翌四十二年、大日本製糖の疑獄事件の検挙が四月十一日から始まり、逮捕者は同社の旧役員のほとんど全員と、代議士二十四人に及んだ。砂糖関税戻し税延長に絡む贈収賄の容疑であった。酒匂常明前社長はピストル自殺した。

＊伊藤博文暗殺さる

伊藤は列強国への配慮と韓国内の条件が熟するまで、併合の時期を待つ方針でいたが、枢密院議長を命ぜられ韓国統監を辞任した。その伊藤が十月二十八日、ロシアの大蔵大臣ココツェフと会談するためハルビンに赴いたが、駅を出たところで民族独立運動家・安重根にピストルで撃たれ死亡した。

十一月四日、盛大な国葬が日比谷公園で行われたが、韓国では喝采の声が大きかったという。
韓国内で、伊藤が暗殺されたことについて、具体的にどんな反応があったのかが知りたいのだが……。

＊韓国を併合

翌四十三年、韓国併合の方針を固めていた政府は、五月三十日、寺内正毅を陸軍大臣兼務のまま韓国統監に任命した。日本憲法を適用せず、統監が一切の政務を統括するという骨子のものであった。

これは、総督がその気になれば、どのようなことでも為し得る権限を持つという、おおよそ法治国家とは言い難い内容のものであった。

八月十六日、寺内統監は韓国首相・李完用に、日韓併合に関する覚書を公布し、八月二十二日、併合に関する日韓条約が調印された。

まことに、横暴極まりないことをやったと思える。

＊大逆事件で幸徳秋水ら逮捕

翌四十四年（一九一一年）一月十八日、昨年の大逆事件で逮捕された幸徳秋水ら二十四名に、大審院は死刑の判決を下した（翌十九日に半数の十二名は無期に減刑）。

これは、社会主義者が次々と逮捕された事件であったが、新聞報道はただ「重大事件である」と伝えるだけで、一向に具体的な内容を明らかにしなかった。だが大審院は容疑者を死刑や無期懲役にしている。こんなことが許されていいものだろうか。

十月、中国の武昌で革命派と軍隊が蜂起し辛亥革命が始まった。一月、南京で孫文が革命政府の臨時大総統に就任し、二月十二日、宣統帝が退位、清朝は滅亡した。

孫文は翌十三日、大総統辞任を表明。三月十日、袁世凱が代わって臨時大総統に就任した。

＊明治天皇の崩御

明治四十五年七月二十日、宮内省は天皇が尿毒症で重態だと発表した。そして同月三十日、天皇は没し、皇太子嘉仁が践祚し、「大正」と改元した。

明治は偉大な時代

明治時代に我々日本人がやってきたことの功罪を検証するために、明治を概略振り返ってみたが、まず何よりも先に、彼らは新しい国創りのために、なんともよくやったと言わねばならない。わずか五十年足らずという短期間にこれほどのことを成し遂げた国は、世界でもまれではなかろうか。

こうした我らの先達がやった功績については、読者はよくご理解いただけたと思うが、これから筆者は、「後の世に禍根を遺した」と憂慮する問題に触れねばならない。

遺した後世への禍根とは……

まず何よりも、明治憲法（大日本帝国憲法）で制定された条文の中に大きな問題点がある。その第十一条に、

「天皇ハ陸海軍ヲ統帥ス」

とある。

これは、天皇は陸海軍の最高司令官であり、大元帥であるということを明記したものである。陸軍も海軍もすべて天皇の統帥下にあり、何人《なんぴと》もこれを侵すことができないという意味を持つ。

内閣の閣僚の中に陸軍大臣と海軍大臣のポストがあるが、この二人の大臣の任命権は総理大臣でなく、天皇にあったということである。

この陸海軍の大臣が決まらないと内閣は成立しない。また、この二人の大臣のいずれかが辞任すれば内閣は崩壊する。つまり、この軍部大臣の進退を利用すれば、軍部が内閣の死命を制することができたのである。

それだけではない。これら軍部大臣は、内閣総理大臣と意見を異にして争っても首を切られることがないから、自己の見解を強硬に主張することが、大正時代以降、現実に起こっている。

それに加えて、内閣総理大臣自身、衆議院の多数決で決まるのでなく、天皇に候補者を奏請し天皇が任命するというのが正規の手順とされていた。

どうして、こんなにコロコロ内閣が交代するのか、と思ったことがあるが、それは各内閣の国民や議会に対する責任感が薄かったということに起因しているように思われる。

第十条に、

「天皇ハ行政各部ノ官制及文武官ノ俸給ヲ定メ及文武官ヲ任免ス……」

とある。

この条文を素直に読むと、すべての文武官の俸給を決め、その任免をするのは天皇であるということになる。

現実問題として、何十万、何百万といる官吏や軍人の俸給を決めたり、任免をするということができるはずがないのに、なぜこんなことまで決めたのか。

ここまで見てくると、何かわかってきたような気がする。

我々国民は天皇の臣下であり、天皇を輔弼し、天皇に従わねばならないというのが基本的理念として存在していたのである。

明治憲法を起案した人たち（伊藤博文は、その中で重要な役割を果たしている）には、この国に民主主義を広め、基本的人権を尊重する国家を築こうという意思は皆無であったと見なすべきである。

それで、思い出したことがある。

憲法が発布される八年ほど前、明治十四年、大隈重信が他の参議に秘密で、「明治十六年から国会を開きイギリス風の政党内閣を作れ」という急進的な建議を有栖川左大臣に提出した。

それを聞き込んだ伊藤博文が、三条太政大臣から大隈の意見書を借覧し、その内容に激怒した。伊藤は大隈に面談を申し入れ、

「貴君の意見は、君権を人民に放棄するものだ」と非難した。

これを見る限り、伊藤には民主主義とか、国民主権という理念は全くなかったと見るべきである。

伊藤はこの翌年、憲法調査のため欧州に出かけているが、この信念は変わることがなかった。


今（令和二年一月）、安倍首相は憲法改正に意欲を燃やしているように思えるが、特に憲法第九条（戦争の放棄）の条文を改定することなく、自衛隊を条文に織り込みたいと聞いている。

しかし、そんな器用なことができるのだろうか？　他にも改正案として何があるのか現時点ではわからないが、いずれにしても憲法改正は慎重にやらねばならない。国会で十分時間をかけて議論をするべきであり、最終的には国民投票で決めるべきことである。

国民の良識が、この国民投票で正常に働くことを期待する。

昨年、令和の天皇の即位（践祚）に伴ういろいろな行事があった。

華やかな古式ゆかしい儀式もあって、その中に、天皇に即位したことを皇祖天照大神に報告に行くといって天皇・皇后そろって伊勢神宮に参り、また神武天皇に報告に参るのか、神武天皇山陵にも赴かれたが、これら天照大神、神武天皇は、いずれも日本神話に連なる伝説上の人物である。実在したという確かなことは何も実証されてない。そのようなことが、公式行事として認められていいものだろうか。

もともと、天皇即位の儀式は、天皇家の私的行事なのか、国事なのかという議論がある。一般常識的に考えれば私的行事に思えるが、日本国憲法の第一章　天皇に、

「天皇は、日本国の象徴であり日本国民統合の象徴であって、この地位は、主権の存する日本国民の総意に基く」


とある。

天皇の国体における位置づけが、右記のごとくであれば、天皇は国家機関の一つと考えるべきである。その限りにおいて、天皇の行事は国事と見なし、国費を消費することは認められるが、その反面、その行為には国家的制約を設けて然るべきではなかろうか。

あまり神経質に考える必要はないかもしれない。神武天皇も『日本書紀』『古事記』に詳しい記述があるが、これを本当の話と信じたい人は信じてよいと思う。天皇即位に伴う記念行事（祭祀・記念祭）をみんなで楽しむのもよいことである。

ただ、忘れてならないことは、天皇を担ぎ出して自らの欲望を満たそうと思っている人が、今でもいるかもしれないということである。そんな人たちの思惑に乗らないように心がけねばならないだろう。

さぁ、進もう！　元気を出そう！

明治時代に作ってしまった禍根は、まだ他にもいくつかある。例えば、明治憲法には明記されていないが、貴族院および衆議院両議会の開会閉会、会期の延長は天皇の詔書で決まる。また衆議院の議長の任免権は天皇にあり、議会にはなかった。議会制度も不十分なものであったと認めざるを得ない。

だが、我々は現在の価値観で歴史をみている。令和二年の価値観である。

現在の価値観で、あの大日本帝国憲法をみると、民主主義、主権在民、基本的人権の尊重といったものから程遠いものであるが、あの憲法制定に最も重要な役割を果たした伊藤博文が憲法草案に取り組んでいた時期（明治十五年～二十三年）、世界の先進国で民主主義、国民主権をすでに実践していた国が何カ国あっただろうか。

たぶん真実民主主義国家と評価できるのは、アメリカ合衆国ぐらいではなかろうか。英国もフランスも民主主義政治はかなり進んでいたが、英国は立憲君主国であり、フランスは共和制と皇帝統治制が繰り返されている状況であった。

そんな世界情勢の中で伊藤博文が、民主主義とか国民主権の国家体制を念頭に置いて憲法草案を練るということは、不可能であったに違いない。

彼の頭の中には、天皇主権の立憲君主国を創る、世界の列強国に負けない軍事大国を一日も早く建設する、ということしかなかったに違いない。


この問題はこのあたりでやめておく。


陸海軍は「天皇の統帥権」の傘の下で、明治・大正・昭和を通して特権階級扱いをされていたようである。また、その特権階級としての甘えもあったように思える。

それが、五・一五事件（昭和七年、犬養毅首相が襲撃され、死亡）を起こし、二・二六事件（昭和十一年、陸軍内の皇道派の若手将校を中心とした過激グループが総理大臣・岡田啓介らを襲撃。岡田首相は無事であったが、蔵相・高橋是清、内大臣・斎藤実は死亡）に連なりながら、あの一連の戦争に突き進んで行く。

昭和六年、満州事変。

昭和十二年、支那事変。

昭和十六年、太平洋戦争。

である。

これらの戦争、特に太平洋戦争（なぜか初めの二件は戦争と言わずに事変という）は、今、再検証すれば狂気の沙汰である。

当時、中国では戦線がほぼ中国全土に広がっていた。これだけでも大変な国家的負担であるにもかかわらず、日本はアメリカに宣戦布告した。

それにとどまらず、なんと大東亜共栄圏をつくるといって、東南アジア諸国を植民地支配していた西欧列強の軍隊にまで攻め込んで行った。

これほど戦争を拡大して、当時の陸海軍は勝てるという確信があったのだろうか。

結果は、惨めな敗戦に終わり、軍人と一般人合わせて数百万という膨大な犠牲者を出した。

命を失った人々だけではない。実に多くの自国民と、日本が占拠した被支配国の人民に、表現しがたいほどの辛酸をなめさせた。

二度と、あのような戦争をやるべきでない。我々は、それを心に念じて生きてゆくべきである。

日本の将来が、明るく幸せで、何か期待を持って仕事に励めるような社会国家になることを祈って筆を擱《お》く。

『それは俺がやる！』年表

慶応三年（一八六七）

六月、坂本龍馬、土佐藩所有の「夕顔丸」の船中で後藤象二郎らに「船中八策」（大政奉還・新国家政体案）を示す。

十月三日、坂本龍馬の大政奉還論を土佐藩・山内容堂が建白書として老中・坂倉勝静に提出。

同十三日、将軍慶喜は在京諸藩の重臣を二条城に集めて、この建白書を諮問の上、翌十四日、大政奉還の上表を朝廷に提出。

同十三日、岩倉具視が薩摩宛ての倒幕の詔書を大久保利通に手渡す。

十一月、坂本龍馬と中岡慎太郎は京都河原町近江屋で見廻組に襲われ、暗殺さる。

十二月九日、宮中より大政復古の大号令が出る。

徳川慶喜に辞官納地（領有地返還）を命ず。

慶応四年／明治元年（一八六八）

一月七日、慶喜に対し追討令が下る。天皇は有栖川宮熾仁親王を東征大総督に任命。

徳川軍は朝廷側軍勢（主力は薩摩と長州の軍勢）と鳥羽伏見で戦うが、敗れて大坂城に退却。

弱気になった慶喜は、夜中に大坂城を脱出、江戸に戻った後、寛永寺大慈院に恭順蟄居。

三月十三日から勝海舟が西郷隆盛と会見し、江戸城無血開城に合意。

四月十一日、江戸城引き渡し。榎本武揚は旧幕軍艦の引き渡しを拒否。

九月八日、明治と改元。一世一元の制を定める。

十月二十日、榎本武揚は北海道に上陸、箱館の五稜郭を占領し、ここを小共和国と宣言す。箱館戦争起こる。

明治二年（一八六九）

一月五日、議政官上局参議横井小楠が京都丸太町の角で暗殺さる。

同二十日、薩長土肥の四藩主は連署して版籍奉還の上表を新政府に提出。他の諸藩も慌ててこれに従う。

五月十八日、前年から続いていた箱館での戦いは、政府軍の猛攻で榎本武揚らが降伏。内乱は終結した。

七月八日、政府は官制の大改革を断行。議政官を廃止し、神祇官と太政官の二本立てとし、太政官のもとに民部・大蔵など六省を置く。太政官の中心は、大臣・大納言・参議で、右大臣に三条実美、大納言に岩倉具視ら実力派の公家、参議には西郷隆盛、大久保利通ら薩長土肥出身の改革派実力者が就任。

九月四日、兵部大輔大村益次郎が京都木屋町で襲われ重傷を負う。

十一月五日、大村益次郎が死去。

明治三年（一八七〇）

新制度の藩知事のもとで、高知、和歌山、熊本などの藩で顕著な改革進む。家臣団の解体、身分制の廃止など。

明治四年（一八七一）

鹿児島に帰郷していた西郷隆盛が上京、西郷を中心に鹿児島、山口、高知三藩の兵一万で親兵を組織、中央政府直属の軍隊が誕生。

七月、廃藩置県を一片の布告で断行。大きな混乱は起こらず。

十月八日、条約改正交渉を兼ねて大型の使節団を欧米に派遣。岩倉具視が全権特命大使、以下木戸孝允参議、大久保利通大蔵卿、伊藤博文工部大輔、山口尚芳外務少輔の四人が副使を務めた。総勢四八人の使節団で、他に津田梅子ら留学生も同乗した。

明治五年（一八七二）

二月十五日、土地永代売買の禁が廃止される。農民の土地所有を法的に追認したことになる。

アメリカ滞在中の岩倉使節団が条約改正交渉には元首の全権委任状が必要だと教えられ、副使の大久保利通と伊藤博文が三月二十四日、日本に取りに戻る。

マリア・ルーズ号事件の副産物として娼妓などの無償での解放令が出る。

明治六年（一八七三）

留守政府の内部対立が表面化。山縣有朋ら長州閥の汚職事件や職権乱用など紛争に悩まされた太政大臣三条実美は、岩倉使節団に早く帰朝するよう何度も要請。使節団内部でも対立が生まれ、大久保は五月、木戸は七月とバラバラに帰朝。

八月十七日の太政官会議で西郷隆盛の希望を容れて西郷を朝鮮派遣大使に決定するが、実際に派遣するのは岩倉の帰朝を待ってからにすると決議。天皇の裁可も得た。

九月十三日、岩倉が帰朝し、その後、開かれた太政官会議で西郷の派遣は再決定された。ところが、その直後に岩倉や大久保の謀略で派遣は中止となる。

十月二十四日、派遣中止に激怒した西郷は、参議と近衛都督を辞職。

同二十五日、副島、後藤、板垣、江藤の四参議も辞職。明治政府は真っ二つに割れる。

西郷が下野したので政府の実権は、大久保の掌握するところとなる。

明治七年（一八七四）

一月十七日、前年の政府大分裂で下野した六参議のうち、板垣退助、後藤象二郎、副島種臣、江藤新平の四人は由利公正らを誘って民選議院設立建白書を左院に提出。

二月、郷里に帰った江藤新平は、佐賀で不平勢力に担ぎ上げられて反乱を起こすが、薩摩や土佐が呼応しなかったため敗れ、処刑さる。

同月、前年結成された明六社が実質スタート。社長は森有礼、社員に西周、福沢諭吉、箕作秋坪など有力なメンバーが加わり、政治・国家・婦人・教育などあらゆる分野で論陣を張ることになる。

同六日、政府は琉球島民殺害を問うために台湾出兵を決定。

五月二十二日、軍隊は台湾に上陸。戦いは簡単にケリが付いたが、清国との交渉には大久保参議兼内務卿が赴いた。この出兵の正統性を清国に承認させ、出兵の費用を負担させるための交渉は難航。清国が五十万両の償金を出すことで、どうにか決着した。

明治八年（一八七五）

大久保利通の独裁体制の孤立化が深まる。

四月十四日、漸次に立憲政体（憲法制定）を立てる趣旨の詔書が下る。

九月二十日、江華島事件起こる。朝鮮の西南海岸を示威航海中の日本軍艦雲揚が、江華島砲台から砲撃を受け、それに応戦、砲台を破壊。

明治九年（一八七六）

二月二十六日、前年の江華島事件の処理のため、朝鮮の江華府で日朝修好条規が調印さる。朝鮮は開国させられ、関税自主権も失う不平等なものであった。

三月、国内では廃刀令が発令され、これがきっかけで熊本の神風連の乱、秋月の乱、萩の乱と士族の反乱が相次ぐ。地租改正に絡む農民一揆も多発し、さすがの大久保利通も動揺し、地租の軽減を提案。

明治十年（一八七七）

二月十五日、西郷隆盛が政府に尋問の筋があると述べ、兵を率いて鹿児島を出立。西南戦争始まる。

六月九日、土佐の立志社代表片岡健吉らは、国会開設建白書を京都行在所に提出。

九月二十四日、熊本の北方の田原坂（戦いの最大の山場）で敗走のあと、鹿児島の城山に追い詰められた西郷は、政府軍の総攻撃を受け自決。

明治十一年（一八七八）

五月十四日、参議兼内務卿として政府権力を掌握していた大久保利通が、馬車で参朝の途中、紀尾井町で刺客に襲われ斬殺さる。

明治十二年（一八七九）

大久保利通なきあとの政府は、内務省系を伊藤博文が、大蔵省系を大隈重信が引き継ぎ、それを岩倉右大臣がまとめていくという体制となる。

明治十三年（一八八〇）

三月十五日、自由民権側は、愛国社の第四回大会を大阪で開催し、社名を「国会期成同盟」と改称、その後活発な動きをみせる。

明治十四年（一八八一）

十月十一日の夜、帰京したばかりの天皇のもとで御前会議が開かれ、開拓使官有物の払下げ中止、明治二十三年に国会を開設することなどを決定。大隈重信の罷免（十二日。明治十四年の政変）。

明治十五年（一八八二）

三月十四日、参議伊藤博文は、詔書を受けて憲法調査のため欧州に向け出発。

明治十六年（一八八三）

四月十六日、改正新聞紙条例が制定さる。発行保証人制度の新設、法的責任者の範囲拡大、身代わり新聞の発行禁止、外務卿・陸海軍卿の記事掲載禁止権の新設など言論取締を強化。

八月三日、参議伊藤博文が欧州から横浜着で帰国。

明治十七年（一八八四）

この年、松方デフレの影響がますます深まり、農民は借金党や困民党などをつくって借金返済延期や利子軽減を求め、各地で農民騒動を起こす。

十月二十九日、国内の困難に対応できない自由党は、代表者一〇〇名を大阪に集めて解党を決定。党首板垣退助は郷里の高知へ帰郷。

明治十八年（一八八五）

十二月二十二日、太政官制が廃止され内閣制が発足。初代総理大臣には伊藤博文が就任。各大臣の数は薩長が圧倒的優位の構成。

明治十九年（一八八六）

二月五日、内閣制の発足に伴う新官制のうち、宮内省官制を公布。

同二十七日、その他の各省の官制が公布さる。

三月二日、帝国大学令が公布され、東京大学が帝国大学に改組さる。

四月十日、師範学校令、小学校令、中学校令を公布。小学校の義務教育制が初めて標榜さる。

明治二十年（一八八七）

九月十七日、井上外相が主導する条約改正が行き詰まり、井上は辞任す。

明治十七年から沈滞していた自由民権運動は、外交問題という目標を得て大同団結運動を展開。伊藤総理大臣は、この運動の高まりに恐れをなし、山縣内務大臣に弾圧をまかせる。山縣は五七〇名を皇居外三里に追放した保安条例を公布・施行（十二月二十五日）。

明治二十一年（一八八八）

四月五日、伊藤首相は三条実美内大臣に憲法と皇室典範の草案を脱稿したことを報告。これを受けて枢密院官制が公布され、伊藤は枢密院議長に任命さる。

五月二十五日から六月十五日まで、枢密院は憲法案を審議。

明治二十二年（一八八九）

二月十一日、大日本帝国憲法が発布され、盛大な記念式典が催さる。だが同日、文部大臣森有礼が官邸の玄関で刺客に胸をえぐられて重傷を負い、翌日死亡。

三月二十二日、後藤象二郎が入閣し逓信大臣に就任。その後、大同団結派は分裂。

十月十八日、大隈外相の進める条約改正に批判が高まり、反対運動が激化していたが、その最中、大隈は閣議の帰途、元・玄洋社の来島恒喜に襲われ、爆弾で片足を失う。

明治二十三年（一八九〇）

この年、一月から自由党再興の動きが活発になり、分裂した各派は離散集合を重ねて、八月の下旬に立憲自由党の組織をつくり、九月十五日結党式を挙行。

この年、教育勅語が発布さる。これは国民の道徳規範を、皇祖皇宗の遺訓と称して天皇が国民に教示するもので、強い強制力を伴う。

七月一日、大日本帝国憲法と衆議院議員選挙法による第一回の選挙が実施されたが、これは極端な制限選挙。選挙権資格者は直接国税十五円以上を納めている二十五歳以上の男子に限られた。該当者は四十万人程度で、総人口四〇〇〇万人のわずか一パーセントに過ぎなかった。

全国のほとんどが小選挙区で有権者も少なく、数百票ないし数十票で当選できた。投票人は住所氏名を明記し、実印を捺《お》すのだから誰が誰に投票したかはすぐにわかることになっていた。

衆議院の総選挙の結果は、自由党系が合計一三八、改進党四十六、保守党二十二、無所属その他が九十四であった。

明治二十四年（一八九一）
二月二十五日、政府は第一議会を自由党土佐派の裏切りで辛うじて切り抜けた。
四月一日、山縣有朋総理大臣は第一議会終了のあと、辞表を提出（五月六日内閣総辞職）。
十二月、衆議院が解散。

明治二十五年（一八九二）
一月〜二月、前年末の衆議院解散を受けて臨時総選挙が行われた。全国いたるところで民党と吏党（政府系政党）が血の激突をし、政府の地方官や警察は実力・武力で吏党を後援し民党を弾圧した。

二月十五日、開票。弾圧にもかかわらず、自由党九十四、改進党三十八が当選し吏党を圧倒。

七月三十日、松方内閣は閣内不統一を理由に辞表を提出。後任に伊藤博文を推したが、伊藤はこれを拒否。だが勅命と元老の強い説得により組閣を承認、山縣ら総理級大物を平大臣に並べるほどの超大型内閣が成立。

明治二十六年（一八九三）

一月十二日、衆議院は予算案を修正可決したが、軍艦建造費の削減、官庁経費の減額で八七一万円を削減するという厳しいものであった。困った伊藤内閣は、天皇の協力を仰ぎ、詔勅という奥の手を使って、製艦費を認めさせた。

七月八日、伊藤内閣は、閣議で条約改正案と交渉方針を決定。この改正案の中に、「内地雑居を認め領事裁判権を廃止する」という条項があったが、この内地雑居には強硬に反対する意見が出た。

十一月二十五日、第五回通常議会が招集さる。阿部井磐根が率いる大日本協会は、星亨議長の不信任上奏案を提出。

同二十九日、不信任案の動議は可決されたが、星議長は辞任しない。議長の任命権は天皇にあり議会にはなかった。

明治二十七年（一八九四）

七月初旬、朝鮮東学党鎮圧を名目として、清国と日本はそれぞれ朝鮮に出兵した。

同二十三日、日本艦隊が豊島沖で清国軍艦を砲撃し、事実上の戦争状態に突入。平壌占領と黄海海戦で日本有利の態勢が出来上がり、これ以後戦争は清国領に移っていく。初めての本格的な対外戦争の打ち続く勝利に国民は狂喜。

第二次伊藤内閣の陸奥宗光外相は、条約改正の戦術を切り替え、まずイギリスから対等条約を勝ち取ることに絞り、これに成功。

明治二十八年（一八九五）

三月十九日、清国は講和全権として李鴻章を日本に派遣。

四月十七日、下関で講和条約が調印され、朝鮮独立、遼東半島、台湾、膨湖列島の割譲、賠償金二億両支払などが決まる。

同二十三日、これに対し、独・仏・露三国が遼東半島を清国に返還するよう要求。

五月、日本は閣議で同半島の全面放棄を決定した。

八月十七日、宮中顧問官三浦梧楼を在朝鮮公使に任命。

十月八日、三浦は京城にたむろする日本人壮士と組んで大院君を擁したクーデターを起こし、閔妃を殺害。

明治二十九年（一八九六）

二月十一日、朝鮮国王は女官の輿《こし》に乗り、警備の隙をうかがってロシア公使館に移る。新政府は、その後ロシア公使館内に置かれ、京城はロシアの勢力が増大。

七月、九月、日本では集中豪雨による全国的な大水害が発生。

明治三十年（一八九七）

前年九月の大洪水で、足尾鉱山下流の渡良瀬川流域は、鉱毒をたっぷり含む土砂が堆積、田畑の作物はじめ樹木・竹藪の類までみな死滅するという惨状であった。

現地農民は鉱山主古河市兵衛との示談工作ではらちが明かないとみて、鉱業停止の要求を出す。

十月、松方内閣の良心といわれた高橋健三書記官長が、鉱山問題の処理で意見が対立して辞任。

同二十八日、神鞭《こうむろ》知常法制局長官も辞任。

十一月六日、大隈外相兼農商務相も辞任。これで松方内閣と進歩党との関係は完全に切れる。

十二月二十五日、衆議院は内閣不信任案を上程。松方は、これに解散権発動で対応したが、その直後に自信を失い、辞表を提出。解散を命じた内閣が総辞職するという異例の事態となる。

同二十九日、伊藤博文は組閣命令を受ける。

明治三十一年（一八九八）

組閣命令を受けた伊藤博文は、進歩党の大隈、自由党の板垣に入閣を要請したが、両党のポスト要求が過大であったので交渉を打ち切る。

　一月十二日、政党勢力を除外して、第三次伊藤内閣が発足した。

　六月二十二日、進歩党と自由党は合同して憲政党を結成。

　同二十四日、伊藤首相は元老会議で民党合同に対応するため政府系政党の組織作りを提案していたものの、山縣の反対で潰され辞表を提出。後継首相候補に大隈と板垣を推した。

　同二十七日、大隈と板垣に組閣命令が発せられる。

　同三十日、大隈首相兼外相、板垣内相の第一次大隈内閣が発足す。この内閣の文部大臣尾崎行雄が行った共和演説（本文参照）が問題化し、大隈首相の要請で、尾崎は辞表を提出（十月二十四日）。

　ところが後任文相をめぐって閣議が紛糾。大隈が独断で犬養毅を文相に奉請したことに憤った閣僚が相次いで辞任。憲政党は分裂状態になり、大隈首相もさじを投げるような格好で辞表を提出した（十月三十一日）。

　十一月、次の総理大臣には山縣有朋が任命され、第二次山縣内閣が発足。

明治三十二年（一八九九）

　三月二十八日、政府は、文官任用令を改正し、勅任官任用規定を設けて政党の猟官を防止。これ以後、山縣系官僚と政党との間で、政府機構の運用をめぐる争いが続く。

　七月十七日、五年前に調印された日英通商航海条約等が実施さる。

明治三十三年（一九〇〇）

四月二十四日、教育総監部条例が改正公布され、参謀本部、陸軍省と並んで天皇に直属することになった。

五月十九日、陸軍省の官制が改正され、軍部大臣を現役の大将および中将に限ることになった。これで軍部大臣の進退を利用すれば、軍部が内閣の生命を制しうることになる。

この年、中国では排外民族主義運動の義和団が次第に勢力を増し、北京・天津といった清国の中枢部を横行するようになる。

明治三十四年（一九〇一）

一月二十六日、政府は北清事変の戦費や製艦費補充のため増税法案を衆議院に提出。反対派の抵抗に遭うが、どうにか通過する。

三月十二日、貴族院では山縣一派が反対したため、ついに貴族院に対し増税法案の成立を命じる勅語が下る。

明治三十五年（一九〇二）

一月三十日、日英同盟が調印され、即日実施さる。これは今後の日本の国防的地位に大きな影響を及ぼすことになる。

八月十日、第七回総選挙が行われた。これは国会開設以来、最初の任期満了による総選挙となる。初めの八年間に五回の解散と六回の選挙があり、十二年目で第七回の総選挙である。

十二月二十八日、地租増徴継続に反対して、衆議院は早くも解散させられた。

明治三十六年（一九〇三）

三月一日、第八回総選挙が行われる。

四月二十一日、桂首相、小村外相、山縣有朋、伊藤博文らは京都の山縣の別邸無鄰菴に集まって対ロシア策を協議。その二カ月後に東京の御前会議でロシアとの交渉開始と協定案とを決定。この段階での方針は、日本は韓国、ロシアは満州にそれぞれ力を入れることを相互に承認しようという満韓交換論的妥協案のようなものであった。

六月二十四日、桂首相は山縣有朋と伊藤博文を招いて辞意を表明した。両者のうち一人が首相になることを求めたが両者とも拒否。山縣は、伊藤の政友会総裁（伊藤が中心になって作った新党）を辞めさせるため暗躍。

七月六日、天皇が伊藤に枢密院議長就任を要請、同八日に詔書下る。

同十四日、政友会は伊藤の推薦により、西園寺公望を後任総裁に決定。

十月三日、日本駐在ロシア公使ローゼンがロシア側対案を提出。同六日から小村・ローゼン会談が開始されたが双方ともに修正案の再提出を繰り返し、年末にいたるも一致点は見出せず。

明治三十七年（一九〇四）

一月六日、駐日ロシア公使ローゼンは、ロシア側最終提案を小村外相に提出。

同十二日、日本側は最終案を決定、提出す。

二月四日、ロシア側の回答がないままに御前会議はロシアとの交渉を打ち切り、軍事行動に移ることを決議。

二月八日、陸軍の先遣部隊は仁川に上陸。同日、海軍は旅順港外のロシア艦隊を攻撃し、翌九日には仁川のロシア軍艦二隻を撃破。

旅順港にいるロシア艦隊の活動を封じるため、港口を閉鎖する作戦が考案され、同二十四日から三度にわたって実施されたが、完全な成功に至らず。

五月一日、陸戦では第一軍が鴨緑江を渡って九連城を占領。

同二十六日、第二軍が南山を占領。

六月二十日、満州軍総司令部編成。総司令官に参謀総長大山巌が、総参謀長には児玉源太郎が任命さる。

十二月五日、第三回総攻撃で、満州軍は旅順の二〇三高地を占領。港内の軍艦を砲撃し、陸上の要塞に対しても有利な攻撃態勢に入る。

明治三十八年（一九〇五）

一月一日、旅順のロシア軍は降伏、日本軍は旅順を占領。

三月一日から日本軍は奉天総攻撃を開始。

同十日、これを占領。対露戦争を勝利の形に持ち込む。

五月二十七日、日本海海戦。

八月十日、日本とロシアの講和会議がアメリカのポーツマスで開かる。

九月五日、紆余曲折の末、日露講和条約が調印された。

調印に先立つ九月一日、「国民新聞」を除く有力新聞はこぞって講和反対を唱える。

同三日に大阪で、五日に東京で講和反対の大会が開かれ、東京の大会は焼き打ち事件に発展したため、戒厳令が公布さる。

明治三十九年（一九〇六）

一月七日、政友会総裁・西園寺公望を首相とする内閣が発足。

同十四日、樋口伝、西川光二郎らは日本平民党を結成。

同二十八日、堺利彦、深尾韶らは日本社会党を結成。

二月二十四日、この両党が合同して、日本社会党第一回大会を開催した。

六月八日、勅令で南満州鉄道株式会社の設立方針が公布され、児玉源太郎が設立委員会の委員長に任命されたが、児玉はその直後に死亡した。その遺志を継いで後藤新平が満鉄初代総裁に就任。

明治四十年（一九〇七）

六月十五日から、オランダのハーグで第二回平和会議が開かれた。この会議に韓国皇帝が密使を送り、日本の侵略・圧迫を訴えたので大問題になり、伊藤博文韓国統監は皇帝を退位させ、内政の権限を掌握。

明治四十一年（一九〇八）

ハワイ移民停止等で難しくなったアメリカ移民に代わって、新しくブラジル移民が始まる。

山縣有朋が西園寺内閣の社会主義取締りが手ぬるいと天皇に讒訴。西園寺は対応に苦慮したが、七月四日に総辞職。代わって第二次桂内閣が成立。

明治四十二年（一九〇九）

四月十一日から大日本製糖の疑獄事件の検挙が始まり、逮捕者は大日本製糖の旧役員のほぼ全員と、代議士二十四人に及ぶ。砂糖関税戻し税引き上げに絡む贈収賄の容疑である。前社長・酒匂常明はピストル自殺。

六月十四日、韓国統監伊藤博文は列国への配慮と韓国内の条件が熟するまで併合を待つ方針でいたが、枢密院議長を命ぜられ、韓国統監を辞任。

十月二十六日、枢密院議長としての伊藤は、ロシアの大蔵大臣ココツェフと会談するためハルビンに赴いたが、駅を出たところで民族独立運動家・安重根にピストルで撃たれ死亡。

十一月四日、伊藤の盛大な国葬が日比谷公園で行われたが、朝鮮では喝采の声も大きかったという。

明治四十三年（一九一〇）

五月二十五日、「大逆事件」といわれる天皇暗殺計画事件が発生。社会主義者などの大検挙が始まる。

同三十日、韓国併合の方針を固めていた政府は、寺内正毅を陸軍大臣兼務のまま韓国統監に任命。

六月三日、閣議で併合後の韓国に対する施政方針を決定。憲法を適用せず、統監が一切の政務を統括するという骨子のものであった。これは、統監がその気になれば、どのようなことでも為し得る権限を持つ、おおよそ法治国家とは言い難い内容のものである。

八月十六日、寺内統監は韓国首相李完用に、日韓併合に関する覚書を公布。

同二十二日、併合に関する日韓条約が調印さる（二十九日、公布施行。朝鮮総督府設置）。

明治四十四年（一九一一）

一月十八日、昨年の大逆事件で逮捕された幸徳秋水ら二十四名に、大審院は死刑の判決を下す（翌十九日に半分の十二名を無期に減刑）。これは、社会主義者が次々と逮捕された事件であったが、新聞報道等はただ重大事件であると伝えるのみで、一向に具体的な内容は明らかにされず。

十月十日、中国の武昌で革命派と軍隊が蜂起し辛亥革命起こる。

明治四十五年（一九一二）

一月一日、南京に革命側臨時政府が誕生し、孫文が臨時大総統に就任。

二月十二日、宣統帝が退位して清朝は滅亡。

同十三日、孫文は大総統を辞任し、代わって袁世凱が臨時大総統に就任。この後、英米独仏列国はこの袁政権を通じて中国支配に乗り出す。日本とロシアもこれに追随する。

七月二十日、宮内省は、天皇は尿毒症で重態だと発表。

同月三十日、明治天皇が没し、皇太子嘉仁が践祚して「大正」と改元。

あとがき

明治期に起きた政治・社会的出来事や事実をできるだけ詳細に書こうと思った。それに加えて、諸々の事績に対する筆者自身の所見や評価を書いてみるつもりでいた。しかし、一〇〇年余り経過した歴史的事績を評価するのは難しい。どうしても現在（今年は令和二年）の価値観で評価しようとする。

本来、その時代の出来事は、その時代の価値観で評価するのが最も適正な方法のように思うが、いかがなものであろうか。

著者の所見や評価もあまり詳細には書けなかった。

ともかくも、著者自身が読みたいと願っていた明治期の歴史を、自分で書くことができたのは至福の歓びである。

我が国の歴史上、民族の熱情が最も沸騰したのは、戦国時代と幕末から明治維新に続く時期である。

ところが幕末は、戦国時代と違って、実にややっこしい。

尊王攘夷、尊王開国、幕府擁護論、公武合体論など、いろんな主張が出てくる。

これを簡潔に描くには、坂本龍馬をタテ軸に、将軍徳川慶喜をヨコ軸に書くしかないと思った。結果がどうであったかは、読者の評価にお任せする。

機会があれば、明治期の特定の部分をより詳細に描いてみたい。

末尾ながら、この作品の執筆を叱咤激励してくれた友人・知人に深く感謝の意を表したい。

田中　健次

〔参考文献〕

『龍馬がゆく』司馬遼太郎　文芸春秋
『最後の将軍』司馬遼太郎　文芸春秋
『読める年表　日本史』総監修／奈良本辰也他　自由国民社
『廃藩置県　近代国家誕生の舞台裏』勝田正治　角川ソフィア文庫
『坂の上の雲』司馬遼太郎　文芸春秋
『西郷と大久保』海音寺潮五郎　新潮社
「大日本帝国憲法」フリー百科事典「ウィキペディア」
「日本国憲法」『ブリタニカ国際大百科事典』
『二つの憲法　大日本帝国憲法と日本国憲法』井上ひさし　岩波ブックレット
『日本近代の歴史3』「日清・日露戦争と帝国日本」飯塚幸一　吉川弘文館
『大逆事件　死と生の群像』田中伸尚　岩波書店

写真：共同通信社、朝日新聞社、アマナイメージズ、ウィキペディア
写真提供：アマナイメージズ

著者プロフィール

田中 健次（たなか けんじ）

1937年（昭和12年） 大阪市生まれ
大阪外国語大学（現大阪大学）フランス語学科卒
東和工業株式会社入社
同社代表取締役社長（昭和50年～平成14年）
東大阪商工会議所常議員（平成６年～14年）
東大阪市工業協会会長（平成８年～14年）
東大阪市中小企業対策協議会工業部門会長（平成12年～14年）
西日本自転車厚生年金基金理事長（平成11年～14年）
大阪府知事表彰（平成12年５月 団体）
著書『台湾よ何処へゆく』文芸社 平成18年５月
『ナポレオン・ボナパルト —秀吉とのふしぎな対話—』セルバ出版 平成27年12月

それは俺がやる！ 明治を創った男たち

2021年３月15日 初版第１刷発行

著　者 田中 健次
発行者 瓜谷 綱延
発行所 株式会社文芸社
〒160-0022 東京都新宿区新宿１－10－１
電話 03-5369-3060（代表）
03-5369-2299（販売）

印刷所 株式会社エーヴィスシステムズ

ISBN978-4-286-22400-8